Praktische Philosophie · Ethik – Sekundarstufe I/II

Michael Wittschier · Andreas Michel-ANDINO

Zauber Philosophie

staunen – fragen – wissen

Patmos

Die DVD „Zauber Philosophie" mit ANDINOS Illusionskunst und seinen philosophischen Vorträgen, auf die das Arbeitsbuch Bezug nimmt, ist unter ISBN 978-3-491-75742-4 erhältlich.

Die Tracks der DVD

1 Aus Liebe zum Wissen
2 Ich. Ich? Ich!
3 Mit Leib und Seele
4 Ich bin du
5 Lebens-Lügen
6 Weil wir uns so ähnlich sind
7 Roboter träumen nicht
8 Wie wirklich ist die Wirklichkeit?
9 Der Tod muss abgeschafft werden

Bonusmaterial
1 Der Schein trügt
2 Ursache und Wirkung
3 Die Geister, die ich rief
4 Kant und das Ding an sich
5 Hegels Dialektik
6 Möbiusband

Gesamtlänge: ca. 40 Minuten

Inhalt

Die Konzentration des Blicks auf das weiße Quadrat lässt den weißen Streifen unten verschwinden!
Wie lange dauert es?

8. Der Tod muss abgeschafft werden

Methoden

	Mit diesem Symbol verbinden sich Denkfragen, die man zum Teil alleine beantworten kann, zum Teil aber auch in Zusammenarbeit mit anderen.
	Bleistiftaufgaben regen dazu an, etwas schriftlich festzuhalten. Wenn es dabei um das ‚Schreibgespräch' geht, verständigt man sich ohne zu sprechen nur über schriftlich fixierte Gedanken und Gefühle.
	Dieses Symbol lädt zu Diskussionen in der Klasse oder zu Rollenspielen ein, manchmal auch zu einer längerfristig angelegten Projektarbeit.
	Für ein Gespräch mit dem intelligenten Gehirn ‚Eliza' muss man zu Hause oder in der Schule ins Internet gehen.
	Für zwei Experimente (im 2. Kapitel und 7. Kapitel) wird ein Kassettenrecorder oder ein Diktiergerät benötigt.
	In Kapitel 8 wird darum gebeten, einen Blick in irgendeine Tageszeitung zu werfen.
	Für das 2. und 4. Kapitel hat ANDINO auf der DVD einen Zaubertrick vorbereitet, den man auch selbst sofort ausprobieren kann.
	Im 2. und 7. Kapitel gibt es die Anregung zu einem Selbstversuch. Die dafür nötigen Materialien sind leicht zu beschaffen.

Der Zauberer ist in höchstem Maße ehrlich. Er verspricht dir,
dass er dich täuschen wird, und hält dann Wort.

Riky Jay, Zauberer

Vorwort

• Der Zauberphilosoph Dr. Andreas Michel-ANDINO und der Fachleiter für Philosophie
Michael Wittschier legen hier ein Konzept für viele ‚zauberhafte' Philosophiestunden zu
zentralen Themen der Praktischen Philosophie bzw. der Ethik und Erkenntnistheorie vor,
das Schülerinnen und Schüler nachdrücklich und aktiv zum Selbstdenken und Selbsthan-
deln bewegen möchte.

• Da es in der Natur des Zauberns liegt, die Zuschauer neugierig und zugleich nachdenklich zu machen, betrachten die Autoren den Einstieg in ein philosophisches Thema mit
Hilfe eines philosophisch verpackten Zaubertricks als Königsweg zum eigenen Denken.

• Das Arbeitsbuch vertieft mit Hilfe von weiterführenden Texten und anschaulichen Bei-
spielen das philosophische Gedankengut der Zaubervorträge von ANDINO, die auf der
gleichnamigen DVD veröffentlicht sind. Arbeitsbuch und DVD sind aber auch unabhängig
voneinander einsetzbar.

• Einige der vorgestellten Zaubertricks sind auch von Laien mit etwas Übung wirkungs-
voll vorzuführen.

• Die philosophischen Texte und Aufgaben sind für Schülerinnen und Schüler der Mittel-
stufe gedacht, sind aber auf Grund ihres Problempotenzials auch sinnvoll in der Oberstu-
fe des Gymnasiums bzw. der Gesamtschule und der Erwachsenenbildung einsetzbar. Hier
wird man auch die Bonus-Tracks der DVD zu ausgewählten Themen aus der Erkenntnis-
und Wissenschaftstheorie vorrangig verwenden wollen.

• Die beiden ‚Philosophiezauberer' sind jederzeit über folgende Adressen für Sie
ansprechbar: www.andino.de und www.wittschier.de .
Den ‚Zauberphilosophen' ANDINO kann man über seine Internetadresse für einen Auftritt
in der Schule buchen.

1 Worum geht es?
Das ist es, worum es geht!

Liebe Sofie!

(...) Einer der alten griechischen Philosophen, die vor über zweitausend Jahren gelebt haben, glaubte, dass die Philosophie durch die Verwunderung der Menschen entstanden sei. Der Mensch findet es so seltsam zu leben, dass die philosophischen
5 Fragen ganz von selber entstehen, meinte er.

Das ist so, als wenn wir bei einem Zaubertrick zusehen: Wir können nicht begreifen, wie das, was wir sehen, möglich ist. Und dann fragen wir danach: Wie konnte der Zauberkünstler zwei weiße Seidenschals in ein lebendiges Kaninchen verwandeln?
10 Vielen Menschen kommt die Welt genauso unfassbar vor wie das Kaninchen, das ein Zauberkünstler plötzlich aus einem eben noch leeren Zylinderhut zieht.

Was das Kaninchen betrifft, so ist uns klar, dass der Zauberkünstler uns an der Nase herumgeführt hat. Wenn wir über die Welt reden, liegen die Dinge etwas anders. Wir wis-
15 sen, dass die Welt nicht Lug und Trug ist, denn wir laufen auf der Erde herum und sind ein Teil der Welt. Im Grunde sind wir das weiße Kaninchen, das aus dem Zylinder gezogen wird. Der Unterschied zwischen uns und dem weißen Kaninchen ist nur, dass das Kaninchen nicht weiß, dass es an einem Zaubertrick mitwirkt. Mit uns ist das anders. Wir glauben, an etwas Rätselhaftem beteiligt zu sein, und würden gerne klarstellen, wie alles
20 zusammenhängt.

P.s.: Was das weiße Kaninchen betrifft, so ist es vielleicht besser, es mit dem gesamten Universum zu vergleichen. Wir, die wir hier wohnen, sind das wimmelnde Gewürm tief unten im Kaninchenfell. Aber die Philosophen versuchen, an den dünnen Haaren nach
25 oben zu klettern, um dem großen Zauberkünstler voll in die Augen blicken zu können.

Bist Du noch da, Sofie? Fortsetzung folgt.

Jostein Gaarder

Track 1: ANDINOS Vortrag nimmt direkt Bezug auf eine ganze bestimmte Stelle in dem philosophischen Roman ‚Sofies Welt' von Jostein Gaarder. Wenn man diesen Auszug liest, wird man feststellen, dass Jostein Gaarder hier eine direkte Verbindung zwischen Philosophie und Zauberkunst herstellt.

Jostein Gaarder, geboren 1952, studierte Philosophie, Theologie und Literaturwissenschaft in Oslo und unterrichtete danach zehn Jahre lang Philosophie an Schulen und in der Erwachsenenbildung. Daneben schrieb er Romane und Erzählungen für Kinder und Erwachsene. „Sofies Welt" wurde mit dem Deutschen Jugendliteraturpreis 1994 ausgezeichnet. Jostein Gaarder lebt heute als freier Schriftsteller mit seiner Frau, einer Theaterwissenschaftlerin, und zwei Söhnen in Oslo.

Mit dem alten griechischen Philosophen meint Gaarder hier Aristoteles (384–324 vor Christus), der in seinem Buch ‚Metaphysik' geschrieben hat: „Denn das Sich-Wundern ist es, was die Menschen am Anfang, wie auch jetzt, zum Philosophieren veranlasst hat." Wer sich also (noch) wundern kann, wäre schon ein Freund (= philos) des Wissens (= sophia). Man könnte ja gleich mal die Probe aufs Exempel machen: „Mich wundert eigentlich, dass …" oder „Das wundert mich (wirklich): …" Das wunderbarste Wesen sind vielleicht wir selbst, denn wir wundern uns ja manchmal doch (noch) darüber, warum es uns überhaupt gibt. Gibt es gute Gründe dafür, Gott mit einem Zauberkünstler zu vergleichen, das Universum mit einem Kaninchen, die Menschen mit ‚wimmelndem Gewürm' und die Philosophen mit ‚Gewürm', das an den dünnen Kaninchenhaaren nach oben klettert?

Meine Fußballphilosophie

Interview der Süddeutschen Zeitung (SZ) mit dem Trainer Klaus Toppmöller

SZ: *Sind Sie nicht manchmal ungerecht zu Ihren Spielern? Sie mögen Schlitzohren, Künstler, Filous[1], nicht die fleißigen Arbeiter.*

Toppmöller: Ja, ich habe dafür ein Faible[2]. Ich bin eben überzeugt von denen. Ein Bastürk[3], ein Schneider[4], die spielen in der letzten Sekunde den entscheidenden Pass, den kein anderer gemacht hätte. Aber ungerecht bin ich nicht, ich habe halt meine eigene Philosophie von Fußball.

SZ: *Und die wäre?*

Toppmöller: Ich liebe den technisch schönen Fußball, das Kurzpassspiel, das begeistert.

SZ: *… und nur im Erfolg funktioniert. In schlechten Phasen schätzen Trainer oft nüchterne, verlässliche Spieler.*

Toppmöller: Nein, nein. Da würde ich gegen meine Philosophie gehen.

SZ: *Sie sind sehr trotzig mit dem Verteidigen Ihrer Fußballphilosophie.*

Toppmöller: Ich bin schon realistisch und stelle die Mannschaft auf, die für uns derzeit das Beste herausholen kann. (…)

SZ: *Würden Sie gerne mal langweilig spielen und dafür gewinnen?*

Toppmöller: Nein! Gewinnen ja, aber nicht langweilig. Um Gotteswillen.

SZ: *Und das verteidigen Sie bis zum Rausschmiss?*

Toppmöller: Ja.

[1] hier: Schlaukopf – [2] Vorliebe – [3 + 4] Spielernamen

Kann man das, was Klaus Toppmöller hier erzählt, wirklich als ‚Liebe zum Wissen' bezeichnen? Wodurch unterscheidet sich seine Philosophie von den Anstrengungen wissbegieriger Wissenschaftler?

Die Philosophie-Rakete

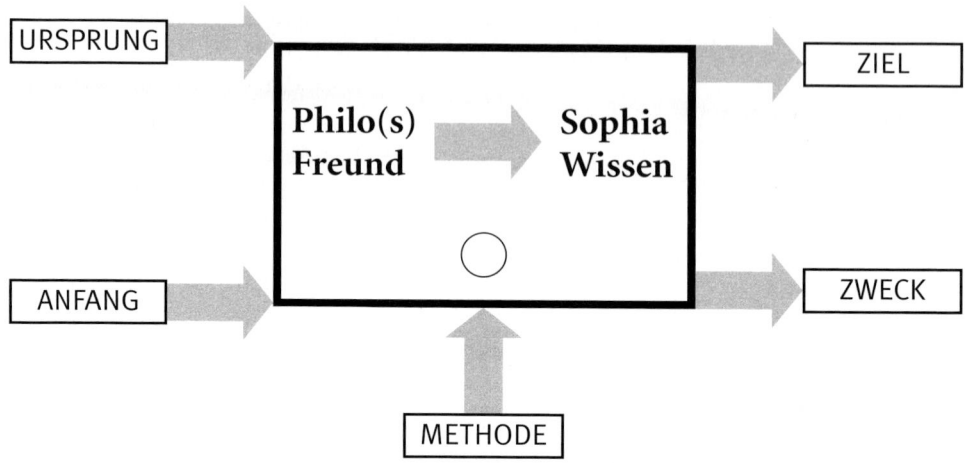

Wer sich über etwas wundert, anfängt Fragen zu stellen, etwas, viel, alles wissen will, wird irgendwann auch auf folgende Fragen stoßen:

Wann und mit wem hat das Philosophieren angefangen? Was könnte man theoretisch alles wissen wollen bzw. wann hat das Fragen (endlich) ein Ende? Wozu brauchen wir überhaupt Wissen? Was muss man tun, um etwas wirklich zu wissen? Woher kommt überhaupt der Wunsch, sich für das Wissen zu interessieren?

Lassen sich diese Fragen leicht den ,Antrieben' der Philosophie-Rakete zuordnen? Und ist es möglich, auf diese Fragen eine noch so vorläufige Antwort zu finden? (Tipp: Der Name des 1. Philosophen enthält die Buchstaben: S – A – E – L – T – H)

Der namentlich gesuchte 1. Philosoph lebte um 624–546 v. Chr. Der Naturforscher und Mathematiker vertrat in seiner Philosophie die Auffassung, dass das Wasser Ursprung oder Prinzip der Welt ist.

Der Mann, der nichts mehr wissen wollte

„Ich will nichts mehr wissen", sagte der Mann, der nichts mehr wissen wollte. Der Mann, der nichts mehr wissen wollte, sagte: „Ich will nichts mehr wissen."

Das ist schnell gesagt. Und schon läutete das Telefon. Und anstatt das Kabel aus der Wand zu reißen, was er hätte tun sollen, weil er nichts mehr wissen wollte, nahm der den 5 Hörer ab und sagte seinen Namen. „Guten Tag", sagte der andere.

Und der Mann sagte auch: „Guten Tag." „Es ist schönes Wetter heute", sagte der andere. Und der Mann sagte nicht: „Ich will das nicht wissen", er sagte sogar: „Ja sicher, es ist sehr schönes Wetter heute". Und dann sagte der andere auch noch etwas. Und dann sagte der Mann noch etwas. Und dann legte er den Hörer auf die Gabel, und ärgerte sich 10 sehr, weil er jetzt wusste, dass schönes Wetter ist. Und jetzt riss er doch das Kabel aus der Wand und rief: „Ich will auch das nicht wissen, und ich will es vergessen."

Das ist schnell gesagt.

Denn durch das Fenster schien die Sonne, und wenn die Sonne durch das Fenster scheint, weiß man, dass schönes Wetter ist. Der Mann schloss die Läden, aber nun schien die 15 Sonne durch die Ritzen. Der Mann holte Papier und verklebte die Fensterscheiben und saß im Dunkeln. Und so saß er lange Zeit, und seine Frau kam und sah die verklebten Fenster und erschrak.

Sie fragte: „Was soll das?" „Das soll die Sonne abhalten", sagte der Mann.

„Dann hast Du kein Licht", sagte die Frau. „Das ist ein Nachteil", sagte der Mann, „aber 20 es ist besser so, denn wenn ich keine Sonne habe, habe ich zwar kein Licht, aber ich weiß dann wenigstens nicht, dass schönes Wetter ist." „Was hast Du gegen schönes Wetter?" fragte die Frau, „schönes Wetter macht froh." „Ich habe", sagte der Mann, „nichts gegen das schöne Wetter, ich habe über nichts gegen das Wetter. Ich will nur nicht wissen, wie es ist."

25 „Dann dreh wenigstens das Licht an", sagte die Frau, und sie wollte es andrehen, aber der Mann riss die Lampe von der Decke und sagte: „Ich will auch das nicht mehr wissen, ich will auch nicht mehr wissen, dass man das Licht andrehen kann." Da weinte seine Frau. Und der Mann sagte: „Ich will nämlich gar nichts mehr wissen." Und weil das die Frau nicht begreifen konnte, weinte sie nicht mehr und ließ ihren Mann im Dunkeln.

30 Und da blieb er sehr lange Zeit. Und die Leute, die zu Besuch kamen, fragten die Frau nach ihrem Mann, und die Frau erklärte ihnen: „Das ist nämlich so, er sitzt nämlich im Dunkeln und will nämlich nichts mehr wissen."

„Was will er nicht mehr wissen?", fragten die Leute, und die Frau sagte: „Nichts, gar nichts mehr will er wissen. Er will nicht mehr wissen, was er sieht – nämlich wie das Wetter ist. 35 Er will nicht mehr wissen, was er hört – nämlich was die Leute sagen. Und er will nicht mehr wissen, was er weiß – nämlich wie man das Licht andreht. So ist das nämlich", sagte die Frau. „Ah, so ist das", sagten die Leute, und sie kamen nicht mehr zu Besuch.

Und der Mann saß im Dunkel. Und seine Frau brachte ihm das Essen. Und sie fragte: „Was weißt Du nicht mehr?" Und er sagte: „Ich weiß noch alles", und er war sehr traurig, weil 40 er noch alles wusste. Da versuchte ihn seine Frau zu trösten und sagte: „Aber du weißt doch nicht, wie das Wetter ist." „Wie es ist, weiß ich nicht", sagte der Mann, „aber ich weiß immer noch, wie es sein kann. Ich erinnere mich noch an Regentage, und ich erinnere mich an sonnige Tage." „Du wirst es vergessen", sagte die Frau. Und der Mann sagte: „Das ist schnell gesagt." Und er blieb im Dunkeln, und seine Frau brachte ihm täglich

45 Essen, und der Mann schaute auf den Teller und sagte: „Ich weiß, dass das Kartoffeln sind, ich weiß, dass das Fleisch ist, und ich kenne den Blumenkohl: und es nützt alles nichts, ich werde es immer alles wissen. Und jedes Wort, das ich sage, weiß ich." Und als seine Frau ihn das nächste Mal fragte: „Was weißt du noch?", da sagte er: „Ich weiß viel mehr als vorher, ich weiß nicht nur, wie schönes Wetter und wie schlechtes Wetter ist, ich

50 weiß jetzt auch, wie das ist, wenn kein Wetter ist. Und ich weiß, dass, wenn es ganz dunkel ist, dass es dann immer noch nicht dunkel genug ist." „Es gibt Dinge, die du nicht weißt", sagt seine Frau und wollte gehen, und als er sie zurückhielt, sagte sie: „Du weißt nämlich nicht, wie ‚schönes Wetter' auf Chinesisch heißt", und sie ging und schloss die Tür hinter sich. Da begann der Mann, der nichts mehr wissen wollte, nachzudenken. Er

55 konnte wirklich kein Chinesisch, und es nützte ihm nichts zu sagen: „Ich will auch das nicht mehr wissen", weil er es ja noch gar nicht wusste. „Ich muss zuerst wissen, was ich nicht wissen will", rief der Mann und riss das Fenster auf und öffnete die Läden, und vor dem Fenster regnete es, und er schaute in den Regen. Dann ging er in die Stadt, um Bücher zu kaufen über das Chinesische, und er kam zurück und saß wochenlang hinter

60 diesen Büchern und malte chinesische Schriftzeichen aufs Papier.

Und wenn die Leute zu Besuch kamen und die Frau nach ihrem Mann fragten, sagte sie: „Das ist nämlich so, er lernt nämlich Chinesisch, so ist das nämlich." Und die Leute kamen nicht mehr zu Besuch. Es dauert aber Monate und Jahre, bis man das Chinesische kann, und als er es endlich konnte, sagte er: „Ich weiß aber immer noch nicht genug. Ich muss

65 alles wissen. Dann erst kann ich sagen, dass ich das alles nicht mehr wissen will. Ich muss wissen, wie der Wein schmeckt, wie der schlechte schmeckt und wie der gute. Und wenn ich Kartoffeln esse, muss ich wissen, wie man sie anpflanzt. Ich muß wissen, wie der Mond aussieht, denn wenn ich ihn sehe, weiß ich noch lange nicht, wie er aussieht, und ich muss wissen, wie man ihn erreicht. Und die Namen der Tiere muss ich wissen und wie

70 sie aussehen und was sie tun und wo sie leben."

Und er kaufte sich ein Buch über die Kaninchen und ein Buch über Hühner und ein Buch über die Tiere im Wald und eines über Insekten. Und dann kaufte er sich ein Buch über das Panzernashorn. Und das Panzernashorn fand er

75 schön.

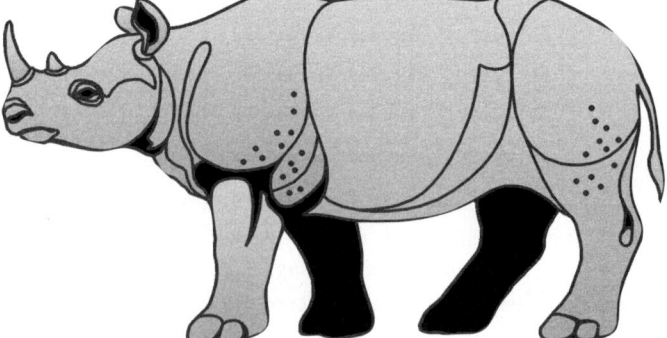

Er ging in den Zoo und fand es da, und es stand in einem großen Gehege und bewegte sich nicht. Und der Mann sah genau, wie das Panzernashorn versuchte zu denken und versuchte, etwas zu wissen, und er sah, wie sehr ihm das Mühe machte. Und jedes Mal, wenn dem Panzernashorn etwas einfiel, rannte es los vor Freude, drehte zwei, drei Run-
80 den im Gehege und vergaß dabei, was ihm eingefallen war, und blieb dann lange stehen – eine Stunde, zwei Stunden – und rannte, wenn es ihm einfiel, wieder los. Und weil es immer ein bisschen zu früh losrannte, fiel ihm eigentlich gar nichts ein.

„Ein Panzernashorn möchte ich sein", sagte der Mann, „aber dazu ist es jetzt wohl zu spät." Dann ging er nach Hause und dachte an sein Nashorn.

85 Und er sprach von nichts anderem mehr. „Mein Panzernashorn", sagte er, „denkt zu lang-sam und rennt zu früh los, und das ist recht so", und er vergaß dabei, was er alles wis-sen wollte, um es nicht mehr wissen zu wollen. Und er führte sein Leben weiter wie vor-her.

Nur, dass er jetzt noch Chinesisch konnte.

Peter Bichsel

Peter Bichsel, geboren am 24.3.1935 als Sohn eines Handwerkers in Luzern, ist in Olten aufgewachsen. Nach der Ausbildung zum Primarlehrer arbeitete er bis 1968 in diesem Beruf. Von 1974 bis 1981 war Bichsel Politikberater. Zwischen 1972 und 1989 hielt er sich mehrere Male als „Writer in Residence" und Gastdozent an amerikanischen Universitä-ten auf. Er lebt in Bellach (Kanton Solothurn).

Der Mann, der nichts mehr wissen wollte, versucht in drei Schritten, all sein Wissen loszuwerden.
1. Welche sind das und warum hat Peter Bichsel genau diese Reihenfolge gewählt?
2. Kann man den Wunsch dieses Mannes eigentlich verstehen? Was hätte das für einen Vorteil, nichts mehr zu wissen?
3. Wie reagieren seine Mitmenschen auf seinen Wunsch? Warum?
4. Warum gibt der Mann, der nichts mehr wissen wollte, seinen Plan, nichts mehr wissen zu wollen, genau in dem Moment auf, als seine Frau ihm sagt, er wisse nicht, was „schönes Wetter" auf Chinesisch heißt?
5. Ob der Mann, der nichts mehr wissen wollte, wohl mit dem Panzernashorn tauschen möchte?

Das Allerschönste

„Wer sind denn also, Diotima", fragte ich, „die Philosophierenden, wenn es doch weder die Weisen noch die Unwissenden sind?" „Das ist doch nun wohl auch einem Kinde klar", erwiderte sie, „dass es die zwischen beiden in der Mitte Stehenden sind, und zu ihrer Zahl gehört nun wiederum auch Eros.[1] Denn gewiss zählt doch die Weisheit zu dem Aller-
5 schönsten; die Liebe aber ist auf alles Schöne gerichtet: folglich ist Eros ein Philosoph; als Philosoph aber steht er in der Mitte zwischen einem Weisen und einem Unwissenden."

Platon

[1] Eros (griech.): (Gott der) Liebe

Platon war ein griechischer Philosoph und lebte in Athen von 428/427 v. Chr. bis 348/347 v. Chr. Er stammte aus einer der ältesten Familien Athens und war ein Schüler des Sokrates und Lehrer des Aristoteles. In seinen Dialogen verwendet Platon oft Sokrates als literarische Figur.

Was hat eigentlich die Liebe mit dem Wissenwollen zu tun? Ist es egal, ob man von einem Freund, einem Bekannten oder einem Liebenden zum Wissen spricht?

Was alles Liebe genannt wird

Habsucht und Liebe: wie verschieden empfinden wir bei jedem dieser Worte! – und doch könnte es derselbe Trieb sein, zweimal benannt, das eine Mal verunglimpft vom Standpunkte der bereits Habenden aus, in denen der Trieb etwas zur Ruhe gekommen ist, und die nun für ihre „Habe" fürchten; das andere Mal vom Standpunkte der Unbefriedigten,
5 Durstigen aus, und daher verherrlicht als „gut". Unsere Nächstenliebe – ist sie nicht ein Drang nach neuem Eigentum? Und ebenso unsre Liebe zum Wissen, zur Wahrheit? (...) Am deutlichsten aber verrät sich die Liebe der Geschlechter als Drang nach Eigentum: der Liebende will den unbedingten Alleinbesitz der von ihm ersehnten Person, er will eine ebenso unbedingte Macht über ihre Seele wie ihren Leib, er will allein geliebt sein und
10 als das Höchste und Begehrenswerteste in der andern Seele wohnen und herrschen. Erwägt man, dass dies nichts anderes heißt, als alle Welt von einem kostbaren Gute, Glücke und Genusse ausschließen: erwägt man, dass der Liebende auf die Verarmung und Entbehrung aller anderen Mitbewerber ausgeht und zum Drachen seines goldenen Hortes werden möchte, als der rücksichtsloseste und selbstsüchtigste aller „Eroberer" und
15 Ausbeuter: erwägt man endlich, dass dem Liebenden selber die ganze andere Welt gleichgültig, blass, wertlos erscheint und er jedes Opfer zu bringen, jede Ordnung zu stören, jedes Interesse hintennach zu setzen bereit ist: so wundert man sich in der Tat, dass diese wilde Habsucht und Ungerechtigkeit der Geschlechtsliebe dermaßen verherrlicht und vergöttlicht worden ist, wie zu allen Zeiten geschehen, ja dass man aus dieser Liebe den

²⁰ Begriff Liebe als den Gegensatz des Egoismus hergenommen hat, während sie vielleicht gerade der unbefangenste Ausdruck des Egoismus[1] ist. (...)

Es gibt wohl hier und da auf Erden eine Art Fortsetzung der Liebe, bei der jenes habsüchtige Verlangen zweier Personen nacheinander einer neuen Begierde und Habsucht, einem gemeinsamen höheren Durste nach einem über ihnen stehenden Ideale, gewichen ist; ²⁵ aber wer kennt diese Liebe? wer hat sie erlebt? Ihr rechter Name ist Freundschaft.

[1] Egoismus: Selbstliebe

Friedrich Wilhelm Nietzsche, * 15. Oktober 1844 in Röcken bei Lützen; † 25. August 1900 in Weimar, war ein deutscher Philosoph und klassischer Philologe.

> Kann man verstehen, warum Friedrich Nietzsche so auf die Liebe schimpft? Was findet er denn alles so schrecklich an ihr? Darf man zu einem Menschen, den man liebt, sagen: „Du gehörst zu mir"?
>
> Wäre / ist Freundschaft wirklich besser als Liebe? Gibt es denn Dinge, die man einem Freund, aber nicht seiner Geliebten / seinem Geliebten sagen kann oder sollte? Können unsere Eltern unsere Freunde sein?

Wenn Herr K. einen Menschen liebte

„Was tun sie", wurde Herr K. gefragt, „wenn Sie einen Menschen lieben?"

„Ich mache einen Entwurf von ihm", sagte Herr K., „und sorge, dass er ihm ähnlich wird."

„Wer? Der Entwurf?"

„Nein", sagte Herr K., „der Mensch."

Bertolt Brecht

Bertolt Brecht, * 10. Februar 1898 in Augsburg; † 14. August 1956 in Berlin, wird als einflussreichster deutscher Dramatiker und Lyriker des 20. Jahrhunderts bezeichnet. Er ist sowohl national als auch international für seine Werke ausgezeichnet worden.

> Warum sollten wir uns von einem Menschen, den wir lieben, ein Bild machen? Wir sehen ihn doch vor uns und erleben ihn doch so, wie er ist! Und was könnte uns auf die Idee bringen, diesen geliebten Menschen dahingehend beeinflussen zu wollen, dass er unserem Bild von ihm ähnlich wird? Hat das überhaupt noch etwas mit Liebe zu tun?

Ich – du – wir

völliges Einswerden

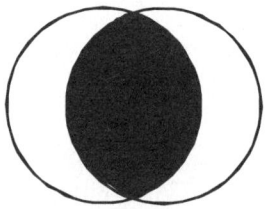

gemeinsame Interessen

Ich und du:
Wir gehören zusammen!

? Hier sind schematisch drei verschiedene Möglichkeiten vorgestellt, wie zwei Menschen ihre Liebe verstehen können. Wenn sich für jedes Modell Anhänger finden würden, könnten diese die Vorteile des jeweiligen Modells auf einem ‚Marktplatz der Liebe' den anderen vorstellen.

2 | Ich. Ich? Ich!

Ich als Spielkarte

Track 2: ANDINO hat gerade das Geheimnis der so genannten Multi-Pip-Karte erklärt, und natürlich liegt es nahe, diesen Trick selbst auszuprobieren. Wer einmal Lewis Carolls phantastischen Roman ‚Alice im Wunderland' gelesen hat, weiß, dass Spielkarten ein Eigenleben haben. Also könnte man sich umgekehrt auch einmal vorstellen, selbst eine Spielkarte zu sein, z.B. eine Karte, die auf der einen Seite zwei Karofelder und auf der anderen Seite fünf Karofelder zeigt.

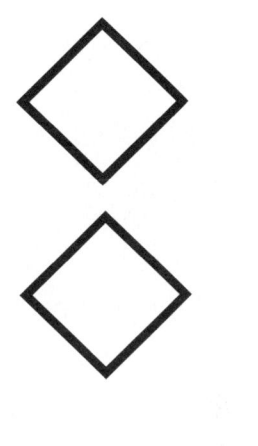

Zunächst sollte man seiner (aus dem Buch kopierten) Ich-Karte ein unverwechselbares ‚Gesicht' geben und die sieben Karofelder mit bunten Farben seiner Wahl ausmalen.

Da wir rein gefühlsmäßig Farben mit bestimmten Eigenschaften verbinden, dürfte es nicht schwer fallen, jedem der bunten Karofelder eine der folgenden Attribute zuzuordnen: intelligent – mutig – verantwortungslos – charmant – zuverlässig – egoistisch – gefährlich. Es können natürlich auch ganz andere Charaktereigenschaften sein.

Wenn nun Vorder- und Rückseite der so entstandenen Charakter-Spiel-Karte deckungsgleich aufeinander geklebt sind, kann man mit ihr einige zauberhafte, überraschende Situationen erleben, wenn man sie, wie ANDI-NO es vorgemacht hat, mit den Fingern beim Umdrehen wie folgt abdeckt:

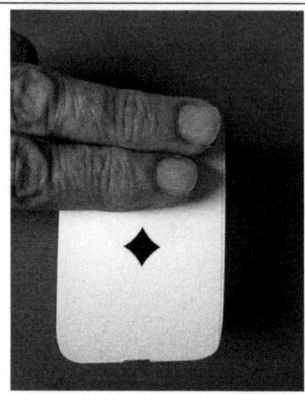

Die Karo-Ass-Karte

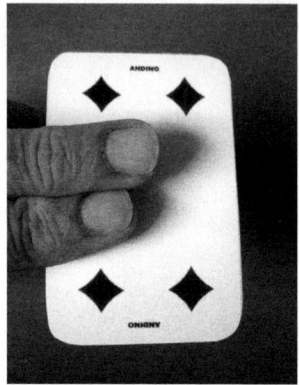

Die Karo-Vier-Karte

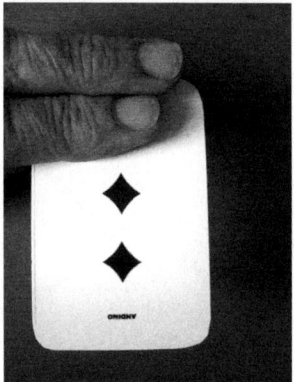

Die Karo-Drei-Karte

Die Karo-Sechs-Karte

Für jede erscheinende Kartensituation kann man sich vorstellen, dass eine bestimmte Charaktereigenschaft zwar vorhanden, aber für andere nicht sichtbar ist bzw. gar nicht vorhanden ist, aber von anderen als vorhanden angenommen wird. Was einem dazu einfällt, sollte man sofort aufschreiben!
Beispiel: Karo-As: Sichtbar ist die Eigenschaft ‚verantwortlich‘, verdeckt, aber vorhanden auch die Eigenschaft ‚egoistisch‘. Ich kann mich gegenüber Vorgesetzten als verantwortlich zeigen, wenn ich vor seinen Augen ein Stück Papier aufhebe, tue es aber eigentlich nur, um mich bei ihm beliebt zu machen.

Mit (einem) anderen kann natürlich gemeinsam darüber nachdenken, was uns (manchmal / oft / immer) anders erscheinen lässt, als wir wirklich sind, oder weshalb wir bei anderen auf Eigenschaften schließen, die in Wirklichkeit gar nicht vorhanden sind.

Spieglein, Spieglein …

What matters most is how you see yourself

Das Wichtigste ist, wie du dich selbst siehst.

Wie sehen mich die anderen?

1. Beschreibe möglichst genau, was du auf diesen beiden Fotos siehst!
2. Halte dann stichwortartig deine Gefühle fest, die du beim Betrachten der Fotos hast!
3. Mache dir Notizen zu der Frage, warum wir gegenüber anderen oft größer, stärker, schöner, kluger erscheinen wollen, als wir wirklich sind!
4. Warum ist uns das Urteil der anderen über unsere Person, unser Aussehen, unsere Meinung usw. so wichtig?
5. Tausche deine Beobachtungen, Gefühle und Gedanken mit deinen Mitschülern aus!

Sofies Problem

Sofie Amundsen war auf dem Heimweg von der Schule. Das erste Stück war sie mit Jorunn zusammen gegangen. Sie hatten sich über Roboter unterhalten. Jorunn hielt das menschliche Gehirn für einen komplizierten Computer. Sofie war sich nicht so sicher, ob sie da zustimmte. Ein Mensch musste doch mehr sein als eine Maschine? (...)

5 Jetzt bog sie in den Kløverveien ein. (...)

Sofie schaute in den Briefkasten, ehe sie das Gartentor öffnete. In der Regel gab es darin viel Reklamekram und einige große Briefumschläge für ihre Mutter. (...)

Heute lag in dem großen grünen Briefkasten nur ein kleiner Brief — und der war für Sofie. „Sofie Amundsen", stand auf dem kleinen Briefumschlag. „Kløverveien 3". Das war alles,
10 kein Absender. Der Brief hatte nicht einmal eine Briefmarke.

Sowie Sofie das Tor hinter sich geschlossen hatte, öffnete sie den Briefumschlag. Darin fand sie nur einen ziemlich kleinen Zettel, nicht größer als der dazugehörende Umschlag. Auf dem Zettel stand: *Wer bist Du?*

Mehr nicht. Der Zettel enthielt keinen Gruß und keinen Absender, nur diese drei handge-
15 schriebenen Wörter, auf die ein großes Fragezeichen folgte.

Sie sah noch einmal den Briefumschlag an. Doch – der Brief war wirklich für sie. Aber wer hatte ihn in den Briefkasten gesteckt?

Sofie schloss rasch die Tür des roten Hauses auf. Wie üblich konnte die Katze Sherekan sich aus den Büschen schleichen, auf den Treppenabsatz springen und ins Haus schlüp-
20 fen, ehe Sofie die Tür hinter sich zugemacht hatte.

„Miez, Miez, Miez!" (...)

Sofie warf die Schultasche in die Ecke und stellte Sherekan eine Schale mit Katzenfutter hin. Dann ließ sie sich mit dem geheimnisvollen Brief in der Hand auf einen Küchenhocker fallen.

25 Wer bist Du?

Wenn sie das wüsste! Sie war natürlich Sofie Amundsen, aber wer war das? Das hatte sie noch nicht richtig herausgefunden.

Wenn sie nun anders hieße? Anne Knutsen zum Beispiel. Wäre sie dann auch eine andere? Plötzlich fiel ihr ein, dass ihr Vater sie zuerst gern Synnøve genannt hätte. Sofie versuch-
30 te sich auszumalen, wie es wäre, wenn sie die Hand ausstreckte und sich als Synnøve Amundsen vorstellte – aber nein, das ging nicht. Dabei stellte sich die ganze Zeit eine andere vor.

Nun sprang sie vom Hocker und ging mit dem seltsamen Brief in der Hand ins Badezimmer. Sie stellte sich vor den Spiegel und starrte sich in die Augen.

35 „Ich bin Sofie Amundsen", sagte sie.

Das Mädchen im Spiegel schnitt als Antwort nicht einmal die kleinste Grimasse. Egal, was Sofie auch machte, sie machte genau dasselbe. Sofie versuchte, dem Spiegelbild mit einer blitzschnellen Bewegung zuvorzukommen, aber die andere war genauso schnell. „Wer bist du?", fragte Sofie.

40 Auch jetzt bekam sie keine Antwort, aber für einen kurzen Moment wusste sie einfach nicht, ob sie oder ihr Spiegelbild diese Frage gestellt hatte.

Sofie drückte den Zeigefinger auf die Nase im Spiegel und sagte:
„Du bist ich."
Als sie keine Antwort bekam, stellte sie den Satz auf den Kopf und sagte:
45 „Ich bin du."
Sofie Amundsen war mit ihrem Aussehen nie besonders zufrieden gewesen. Sie hörte oft, dass sie schöne Mandelaugen hätte, aber das sagten sie wohl nur, weil ihre Nase zu klein und ihr Mund etwas zu groß war. Die Ohren saßen außerdem viel zu nah an den Augen. Am schlimmsten aber waren die glatten Haare, die sich einfach nicht legen ließen. Manch-
50 mal strich der Vater ihr darüber und nannte sie „das Mädchen mit den Flachshaaren", nach einer Komposition von Claude Debussy. Der hatte gut reden, schließlich war er nicht dazu verurteilt, sein Leben lang schwarze, glatt herabhängende Haare zu haben. Bei Sofies Haaren halfen weder Spray noch Gel.
Manchmal fand sie ihr Aussehen so seltsam, dass sie sich fragte, ob sie vielleicht eine
55 Missgeburt sein konnte. Ihre Mutter hatte jedenfalls von einer schwierigen Geburt erzählt. Aber entschied wirklich die Geburt, wie jemand aussah?
War es nicht ein bisschen komisch, dass sie nicht wusste, wer sie war? Und war es nicht auch eine Zumutung, dass sie nicht über ihr eigenes Aussehen bestimmen konnte? Das war ihr einfach in die Wiege gelegt worden. Ihre Freunde konnte sie vielleicht wählen, sich
60 selber hatte sie aber nicht gewählt. Sie hatte sich nicht einmal dafür entschieden, ein Mensch zu sein.
Was war ein Mensch?

Jostein Gaarder

 **Jostein Gaarder,** geboren 1952, studierte Philosophie, Theologie und Literaturwissenschaft in Oslo und unterrichtete danach zehn Jahre lang Philosophie an Schulen und in der Erwachsenenbildung. Daneben schrieb er Romane und Erzählungen für Kinder und Erwachsene. „Sofies Welt" wurde mit dem Deutschen Jugendliteraturpreis 1994 ausgezeichnet. Jostein Gaarder lebt heute als freier Schriftsteller mit seiner Frau, einer Theaterwissenschaftlerin, und zwei Söhnen in Oslo.

Sofies Problem, dass man mit seinem Aussehen nicht zufrieden ist, kennen fast alle Menschen. Aber das ist doch eigentlich gar kein Problem. Man kann sich doch für eine Partnerschaftsanzeige anonym einmal als Idealfrau oder -mann beschreiben. Also keine Hemmungen! Aussehen, Alter und Charakter so verändern, wie man sich am liebsten sehen würde! Statt des Namens wird eine erfundene, sechsstellige Kennziffer verwendet.

Die so erfundenen Personenbeschreibungen von Supermännern und – frauen werden ausgelegt und dürfen von allen gelesen werden. Und jeder darf sich seine Traumfrau bzw. seinen Traummann aussuchen und ihm einen Antwortbrief auf die Partnerschaftsanzeige schreiben. Dabei sollte deutlich werden, was er an dem anderen so attraktiv findet und warum er sich selbst so mag, wie er jetzt ist!

Der bekannte Schlagersänger Roy Black hieß mit bürgerlichem Namen ‚Gerd Höllerich‘. Welche Gründe für diese Namensänderung könnte es gegeben haben? Warum verkauft sich eine CD von Roy Black wohl besser als eine von Gerd Höllerich?

Jeder von uns wird mit einem Namen geboren, den er sich nicht ausgesucht hat. Und manchen/vielen Leuten gefällt weder ihr Vor- noch ihr Nachname. Aber dem kann man doch sofort abhelfen! Mit welchem selbst gewählten Phantasienamen würde man am liebsten angesprochen? Man sollte kurz notieren, welche Eigenschaften man mit seinem ‚Künstlernamen‘ verbindet. Anschließend kann man (einem) anderen verraten, wie man lieber heißen würde. Und natürlich darf jeder sagen, ob und warum ihm der Geburtsname oder der neue Name besser gefällt.

Sofie Amundsen aus Jostein Gaarders Roman über die Geschichte der Philosophie hat große Schwierigkeiten zu erkennen, wer sie wirklich ist. Welche Gründe können einen wohl daran hindern, das für sich selbst zu erkennen?

Am Schluss des 1. Kapitels von ‚Sofies Welt‘ fragt sich das junge Mädchen, was wohl ein Mensch sei. Auf zwei Tapetenbahnen werden die Umrisse eines Jungen und eines Mädchens aus der Klasse bzw. dem Kurs festgehalten. Anschließend schreiben alle Mädchen in den Mädchenumriss alle Begriffe, die ihnen zum Thema ‚Mensch‘ einfallen und alle Jungen in den Jungenumriss alle Begriffe, die ihnen zum Thema ‚Mensch‘ einfallen.
Diese Menschenposter werden in der Klasse aufgehängt und besprochen: Welche Eigenschaften des Menschen tauchen auf beiden Postern auf? Woran liegt das wohl? Wie hängen sie zusammen? Welche Eigenschaften sind eher geschlechtsspezifisch?

Was ich alles bin

Nichtraucher, Rechtshänder, Steuerpflichtiger, Dienstuntauglicher, **Zuzüger**[1], Einwohner, *Bürger,* Wochenaufenthalter[2], **Aufenthaltsberechtigter,** Meldepflichtiger, Ersatzpflichtiger, *Zivilschutzpflichtiger,* Teilnehmer, *Halter,* **Benützer,** Adressat, **Absender,** **Bezüger,** *Empfänger,* **Käufer,** Besteller, Selbstabholer, **Anwohner,** *Zubringer,* **Fußgänger,** **Autofahrer,** *Linksabbieger,* Fahrzeughalter, PASSAGIER, Fahrgast, Reisender in Richtung, Leser, Hörer, Abonnent, Zuschauer, **Bazillenträger,** **Kassenpatient,** Vollversicherter, *Geschädigter,* Gesuchsteller, **Zeuge des Vorfalls,** *Schwimmer,* *Einzelwanderer,* Pflanzenfreund, Inhaber, **Besitzer,** Nachkomme, *Vorfahre,* MITSPIELER, *Gewinner,* **Verlierer.**

Manche finden mich auch als Mensch sehr nett.

Franz Hohler

[1] Zuzüger: schweizerisch, für Zuzügler, Zugezogener – [2] Wochenaufenthalter: schweizerisch für jemanden, der an einem Ort nur vorübergehend seinen Wohnsitz hat.

Franz Hohler (* 1. März 1943 in Biel) ist Schweizer Schriftsteller, Kabarettist und Liedermacher, aufgewachsen in Olten und lebt jetzt in Zürich.

> Auf einer Kopie der Liste von Franz Hohler kann man zunächst einmal alle Begriffe durchstreichen, die nicht auf einen zutreffen, und sie durch solche ergänzen, die für einen selbst wichtig sind. Die so gefundenen Begriffe lassen sich gut in einer Grafik anordnen: von oben nach unten (je nach Wichtigkeit) oder in Kreisen, die sich überschneiden (oder auch nicht), usw.

Gibt es Sie, Mister Johns?

Richter: Das Gericht erörtert nunmehr den Streitfall Cybernetics Company contra Harry Johns. Sind die Parteien anwesend?

Anwalt: Ja, Herr Richter.

Richter: Sie vertreten die Belange ...

5 **Anwalt:** Ich bin der juristische Bevollmächtigte der Firma Cybernetics Comp., Herr Richter.

Richter: Und wo ist der Beklagte?

Johns: Hier bin ich, Herr Richter.

Richter: Würden Sie Ihre Personalien angeben?

Johns: Gern, Herr Richter. Ich heiße Harry Johns, geboren am 6. April 1917 in New York.

10 **Anwalt:** Ein Wort zur Hauptsache, Herr Richter. Der Beklagte spricht die Unwahrheit, er ist durchaus nicht geboren ...

Johns: Bitte, hier meine Geburtsurkunde. Und im Saal ist mein Bruder, er...

Anwalt: Das ist nicht Ihre Urkunde, und dieses Individuum ist nicht Ihr Bruder.

Johns: Wessen sonst? Ihrer vielleicht?

15 **Richter:** Bitte um Ruhe. Herr Bevollmächtigter, gedulden Sie sich ein wenig. Nun, Herr Johns?

Johns: Mein seliger Vater Lexington Johns hatte eine Autowerkstätte und impfte mir die Leidenschaft zu diesem Beruf ein. Als Siebzehnjähriger nahm ich erstmals an einem Autorennen teil. Seither startete ich berufsmäßig siebenundachtzigmal und habe bis heute

20 sechzehn erste Plätze errungen, einundzwanzig zweite ...

Richter: Danke, diese Einzelheiten sind für den Fall unwesentlich.

Johns: Drei Goldpokale, drei Goldpokale ...

Richter: Danke, habe ich gesagt.

Johns: Und einen silbernen Kranz.

25 **Donovan, Präsident der Cybernetics Comp.:** Da! Er hat sich verklemmt!

Johns: Darauf können Sie lang warten!

Richter: Bitte um Ruhe! Haben Sie einen Rechtsvertreter?

Johns: Nein. Ich verteidige mich selbst. Meine Sache ist so lauter wie Kristall.

Richter: Wissen Sie, welche Forderungen die Cybernetics Company Ihnen gegenüber gel-

30 tend macht?

Johns: Ich weiß. Ich bin das Opfer der schurkischen Tätigkeit tückischer Finanzhaie ...

Richter: Danke. Herr Bevollmächtigter Jenkins, würden Sie dem Gericht den Gegenstand der Klage darlegen?

Anwalt: Sehr wohl, Herr Richter. Vor zwei Jahren erlitt der Beklagte bei einem Autoren-

35 nen in der Nähe von Chicago einen Unfall und verlor ein Bein. Damals wandte er sich an unsere Firma. Die Cybernetics Company erzeugt bekanntlich Arm- und Beinprothesen, Kunstnieren, Kunstherzen und andere Ersatzorgane. Der Beklagte bezog gegen Teilzahlung eine linke Beinprothese und erlegte die erste Rate. Vier Monate später wandte er sich neuerlich an uns, diesmal bestellte er Prothesen zweier Arme, eines Brustkorbs und

40 eines Genicks.

Johns: Quatsch! Das Genick, das war im Frühling, nach dem Bergrennen!

Richter: Unterbrechen Sie nicht.

Anwalt: Nach dieser zweiten Transaktion belief sich die Verschuldung des Beklagten an die Firma auf 2967 Dollar. Nach weiteren fünf Monaten wandte sich namens des Beklagten dessen Bruder an uns. Der Beklagte weilte damals im Monte-Rosa-Krankenhaus bei New York. Der neuen Bestellung gemäß lieferte die Firma nach Erhalt einer Anzahlung eine Reihe von Prothesen, deren Einzelaufzählung bei den Akten liegt. Dort figuriert unter anderem als Ersatz für eine Großhirnhalbkugel ein Elektronengehirn Marke Geniox zum Preis von 26 500 Dollar. Hohes Gericht, bitte die Tatsache zu beachten, dass der Beklagte bei uns die Luxusausführung des Geniox bestellt hat, mit Stahlröhren, farbentreuer Traumbildanlage, Stimmungsentstörer und Sorgendämpfer, obwohl dies die finanziellen Möglichkeiten des Beklagten klar überstieg.

Johns: Freilich, das tät' euch so passen, wenn ich jetzt mit eurem Serienkleinsthirn herumholpern müsste!

Richter: Bitte um Ruhe!

Anwalt: Dass der Beklagte in der bewussten böswilligen Absicht handelte, der Firma die bezogenen Teile nicht zu bezahlen, davon zeugt auch die Tatsache, dass er bei uns keine gewöhnliche Armprothese bestellte, sondern eine Spezialprothese mit eingebauter Schweizer Uhr Marke Schaffhausen mit achtzehn Steinen. Als die Schuld des Beklagten auf 29 863 Dollar angestiegen war, klagten wir auf Rückgabe aller bezogenen Prothesen. Jedoch das Staatsgericht wies unsere Klage mit der Begründung ab, dass ihn der Entzug der Prothesen um das weitere Dasein gebracht hätte. Zu jener Zeit war nämlich von dem ehemaligen Mister Johns nur noch die eine Gehirnhälfte übrig.

Johns: Was heißt „ehemaliger Johns"? Wirst du von der Firma für Schimpfwörter bezahlt, Prozessverpfuscher?

Richter: Bitte um Ruhe. Wenn Sie die klagende Partei nochmals beleidigen, Mister Johns, dann werde ich Sie mit einer Geldbuße bestrafen.

Johns: Aber er beleidigt doch mich!

Anwalt: In diesem Zustand, das heißt, verschuldet und prothesenbestückt bis über beide Ohren bei der Cybernetics Company, die ihm so viel Güte bezeigt und im Nu alle seine Wünsche erfüllt hat, begann der Beklagte öffentlich nach allen Seiten unsere Erzeugnisse anzuschwärzen und über ihre Qualität zu meckern. Dies hielt ihn jedoch nicht davon ab, nach drei weiteren Monaten bei uns vorzusprechen. Er klagte über eine Reihe von Beschwerden und Gebrechen, die sich, wie unsere Experten feststellten, daraus ergaben, dass sich seine alte Hirnhalbkugel in der neuen, sozusagen zur Gesamtprothese gewordenen Umgebung nicht wohl fühlte. Aus Menschenfreundlichkeit ließ sich die Firma nochmals herbei, die Bitte des Beklagten zu erfüllen und ihn ganz zu genialisieren, das heißt, seinen eigenen alten Gehirnteil durch einen genauen Zwilling des bereits eingebauten Apparats Marke Geniox zu ersetzen. Für diese neue Forderung stellte uns der Beklagte Wechsel auf die Summe von 26 950 Dollar aus, wovon er bis heute lediglich 232 Dollar und 18 Cents bezahlt hat. In Anbetracht des geschilderten Sachverhalts ... Hohes Gericht, der Beklagte sucht mir böswillig das Reden zu erschweren, indem er mich mit allerlei Gezisch, Gezwitscher und Geknirsche übertönt. Hohes Gericht, bitte ihn zu vermahnen!

Richter: Herr Johns ...

Johns: Das bin nicht ich, das ist mein Geniox. Der macht das immer, wenn ich intensiv denke. Bin ich etwa für die Cybernetics Comp. verantwortlich? Das hohe Gericht kann Herrn Präsidenten Donovan vermahnen, für diese Pfuscharbeit!

Anwalt: Dem geschilderten Sachverhalt entsprechend ersucht die Firma das Gericht, ihrer Forderung stattzugeben und ihr die vollen Eigentumsrechte an dem von ihr hergestellten, hier im Gerichtssaal befindlichen, eigenmächtig aufmuckenden Prothesengefüge zuzuerkennen, das sich unrechtmäßig für Harry Johns ausgibt.

Johns: So eine Frechheit! Und wo ist Johns, Ihrer Ansicht nach, wenn nicht hier?

Anwalt: Hier im Saal ist Johns nicht, denn die irdischen Überreste dieses bekannten Rennchampions ruhen verstreut an verschiedenen Autobahnen in ganz Amerika. Durch ein Gerichtsurteil zu unseren Gunsten wird demnach keine physische Person geschädigt, da die Firma nur das in Besitz nehmen wird, was von der Nylonhülle bis zum letzten Schräubchen rechtens ihr gehört!

Johns: Freilich! In Stücke wollen mich die zerlegen, in Prothesen!

Präsident Donovan: Was wir mit unserem Eigentum tun, das geht Sie nichts an!

Richter: Herr Präsident, ich ersuche Sie höflichst, Ruhe zu bewahren. Danke, Herr Bevollmächtigter. Was haben Sie zu sagen, Mister Johns?

Anwalt: Herr Richter, zu der Hauptsache möchte ich noch bemerken, dass der Beklagte im Grunde genommen gar kein Beklagter ist, sondern ein materieller Gegenstand, der behauptet, sich selbst zu gehören. Da er jedoch in Wirklichkeit nicht lebt ...

Johns: Sie, kommen Sie mal rüber zu mir, dann zeig ich Ihnen, ob ich lebe oder nicht!

Richter: Tja ... Hm, das ist wirklich ein sehr, sehr merkwürdiger Fall. Hm ... (...)
[Ich bitte die Geschworenen, Ihr Urteil sorgfältig zu bedenken. Die Beweisaufnahme ist hiermit abgeschlossen.]

Stanisław Lem

Stanisław Lem, * 12. September 1921 in Lemberg, Galizien, † 27. März 2006 in Krakau, war ein polnischer Philosoph, Essayist und Science-Fiction-Autor.

Diese Gerichtsverhandlung lässt sich gut nachspielen.
Anschließend wäre in etwa gleich großen Kleingruppen (Jurys) über die in der Verhandlung vorgetragenen Argumente zu diskutieren und sind vielleicht auch noch weitere in Bezug auf die Frage finden, ob Johns – entsprechend der Klage – Eigentum der Cybernetics Company ist. Jede Jury muss zu einem einstimmigen Urteil kommen und sollte ihre Argumente stichwortartig auf einem Plakat festhalten, um sie dem Plenum vorzustellen.
Den gemeinsamen Abschluss bildet eine Diskussion darüber, ob Mister Johns (noch) ein Mensch ist. Vielleicht ist es hilfreich, sich dazu in einem Lexikon über das Thema ‚Stoffwechsel' zu informieren.

Das Schiff des Theseus

Das Schiff des alten griechischen Seefahrers Theseus[1] – nennen wir es „T" – ist aus 1000 alten, aber noch ganz seetauglichen Planken zusammengesetzt. Trotzdem bringt Theseus T in den Hafen, um es *vollständig* erneuern zu lassen. Der Schiffsbauer, der den Auftrag annimmt, hat zwei Trockendocks, A und B. Er legt Theseus' Schiff in eines davon, näm-
5 lich Dock A. Als guter Geschäftsmann erkennt er, dass die noch seetauglichen Planken von T gut zu gebrauchen sind und lässt darum seine Leute rund um die Uhr nach folgendem Plan arbeiten:
In der ersten Stunde entfernt die Arbeitskolonne eine alte Planke von T und ersetzt sie durch eine neue. Zudem tragen die Leute die alte Planke zu Dock B hinüber und stellen
10 sie so, als fingen sie in diesem Dock an, ein Schiff *zu bauen.* In der zweiten Stunde wiederholt die Kolonne denselben Prozess, indem sie eine zweite alte Planke von dem Schiff in Dock A durch eine neue ersetzt und die alte zu Dock B hinüberträgt, wo sie entsprechend an der zuvor versetzten Planke befestigt wird. In der dritten Stunde wiederholen sie den Prozess von neuem und fahren auf dieselbe Weise ganze 1000 Stunden lang fort.
15 Nach 1000 Stunden ist die Lage dann folgende: In Dock A liegt ein Schiff – nennen wir es „X" –, das aus 1000 neuen Planken besteht; in Dock B liegt ein Schiff – nennen wir es „Y" –, das aus den 1000 alten Planken von Theseus' Schiff T besteht. Diese sind in *genau* derselben Anordnung montiert, wie sie vorher bestand, als T ins Dock A gebracht wurde. Unsere Frage ist: Welches Schiff, X oder Y, wenn überhaupt eines von beiden, ist *Theseus'*
20 Schiff T?
Um uns vorzustellen, was in dieser Geschichte passiert, mag es hilfreich sein, ein paar „Schnappschüsse" von den verschiedenen Stadien des Umbaus zu machen. Wir wollen die Situation auf der Werft zu Beginn, das heißt zur Stunde 0, folgendermaßen darstellen:

---

[1] Theseus soll der Sage nach den Minotaurus (Stier im Labyrinth von Kreta) besiegt haben.

```
               Schiff T
               ────────

                 00
                00000
                 00
               0000000
                00000

  ────────                      ────────

   Dock A                        Dock B
```

Die „0" s stehen für die *alten* Planken; für die *neuen* wollen wir „+" setzen. Am Ende der ersten Stunde sieht die Situation dann so aus:

```
                 00
                00000
                 00
               0000000
               +0000                 0

  ────────                      ────────

   Dock A                        Dock B
```

Machen wir einen Sprung vorwärts etwa auf die fünfhundertste Stunde, dann sieht es in der Werft ungefähr so aus:

```
               + 0                    0
              +++00                  000
               + 0                    0
              ++++00                 0000
              ++000                  00

  ────────                      ────────

   Dock A                        Dock B
```

Nach tausend Stunden würden wir schließlich beim Betreten der Werft die folgende Situation vorfinden:

```
               Schiff X              Schiff Y
               ────────              ────────

               + +                    00
              +++++                  00000
               + +                    00
              ++++++                 000000
              +++++                  00000

  ────────                      ────────

   Dock A                        Dock B
```

J. F. Rosenberg

J. F. Rosenberg wurde 1942 in Chicago geboren und ist Philosophieprofessor an der Universität von North-Carolina.

 Am Ende seiner Darstellung schreibt Rosenberg: „So. Nun wollen wir wissen, welches Schiff, X oder Y (wenn überhaupt eines von beiden), *Theseus'* Schiff T ist."

Man könnte auch die Frage stellen: Gibt es einen Zeitpunkt, bis zu dem X noch Theseus' Schiff ist? bzw. Gibt es einen Zeitpunkt, ab dem Y zu Theseus Schiff wird?

 Das Schiffproblem des Theseus' lässt sich in einem zweiten Schritt auf sich selbst übertragen: Inwiefern bleiben wir immer dieselben, obwohl unser Körper ständig dem Stoffwechsel unterliegt und wir uns selbst mit Hilfe der Sprache immer wieder neu erfinden? Dies kann man übrigens mit Hilfe eines einfachen Experiments überprüfen: Man bittet irgendeine Person eine Geschichte zu erzählen, ohne ihr zu sagen, dass sie zu einem späteren Zeitpunkt dieselbe Geschichte noch einmal erzählen soll. Beide Erzählungen werden mit Hilfe eines Diktiergerätes aufgenommen und dann miteinander verglichen.

Ich belauere mich aus der Nähe

Seit mehreren Jahren richte ich alle meine Gedanken nur auf ein Ziel: auf mich selbst; ich registriere und studiere nur, was in mir vorgeht. (...)
Soll ich nun etwa Zeugnis von meinem Ich nur dadurch ablegen, was an Handlungen dabei herausgekommen ist? und nicht direkt durch meine Worte? Ich schildere haupt-
5 sächlich, was in meinem Geiste vorgeht; das ist der Gegenstand, der noch nicht gestaltet ist und der sich nicht in Arbeitsleistung ausdrücken lässt, höchstens kann ich ihn in der Luftgestalt der Sprache fassen; die weisesten und frömmsten Menschen haben ihr Leben lang alle Betätigung nach außen hin vermieden. Die äußeren Geschehnisse würden eher etwas darüber aussagen, wie mir es ergangen ist, als was oder wer ich selbst
10 bin; sie zeigen die Rolle, welche die äußeren Geschehnisse gespielt haben, nicht meine eigene Rolle, denn diese kann man nur ganz unsicher daraus erschließen; die äußeren Geschehnisse meines Lebens bieten nur einzelne Stücke einer Teilschau.
Ich stelle mich aber, wenn ich über mich selbst nachdenke, als ein *Ganzes* dar. Es ist ein gezeichnetes Skelett, bei dem Adern, Muskeln, Sehnen, jedes Stück an der richtigen Stel-
15 le, zugleich sichtbar sind; der Husten ließ nur einen Teil davon in Erscheinung treten, Blasswerden oder Herzklopfen einen anderen Teil von mir, und zwar recht undeutlich. Was ich hier aufschreibe, sind nicht meine Gesten: es ist mein Ich.

Ich belauere mich aus der Nähe, und meine Augen sind
20 ununterbrochen auf mich selbst gerichtet, da ich sonst nichts Wesentliches zu tun habe (...) Das Ergebnis ist, dass ich kaum wagen kann zu geste-
25 hen, welches Maß von Nichtig-keit und Schwäche ich in mei-nem Inneren entdecke: mein Gang ist schwankend und unsi-cher, wie leicht kann ich rut-
30 schen und stürzen, und auch mein Blick zeigt mir die Welt nicht eindeutig: bin ich nüch-tern, so fühle ich anders als nach dem Essen.

35 Genieße ich meine Gesundheit oder einen hellen schönen Morgen, dann bin ich freund-lich und aufgeschlossen; habe ich aber ein Hühnerauge, das
40 mich an der Zehe drückt, so bin ich plötzlich verdrießlich,

René Magritte, Die verbotene Wiedergabe, 1937

unfreundlich, ablehnend; der Trab des gleichen Pferdes scheint mir einmal weich und ein-mal hart; der gleiche Weg scheint mir jetzt kürzer, ein andermal länger; die gleiche Form gefällt mir einmal mehr und dann wieder weniger: jetzt habe ich zu allem Lust, dann zu
45 gar nichts; was mir jetzt Spaß macht, ist mir manchmal zuwider. Viele Stimmungen über-fallen mich aufdringlich und unerwartet; einmal bin ich melancholisch, einmal cholerisch; eigensinnig beherrscht jetzt der Kummer meine Stimmung, und dann wieder die Lustig-keit.

Wenn ich ein Buch in die Hand nehme, so entdecke ich vielleicht an einer bestimmten
50 Stelle großartige Gedanken, die mir ans Herz greifen; ein anderes Mal ziehe ich dassel-be Buch heraus, dann kann ich noch so viel darin blättern, es durchsehen und durchden-ken, es sagt mir nichts und bleibt für mich eine ungestaltete Masse. (...)
Es geht in mir dauernd hin und her; mein Denken geht nicht nur vorwärts; mein Ich schwebt und schwimmt.

55

Die Linien meines Selbstbildnisses sind nicht falsch gezogen, obwohl sie sich immer ändern und voneinander abweichen: die Welt ist wie mein Ich eine ewige Schaukel, (...) selbst die Beständigkeit ist weiter nichts als ein langsameres Hin und Her. Deshalb kann ich meinen Darstellungsgegenstand, mein Ich, nicht fixieren. Das Ich ist unsicher und
60 schwankt wie in einem naturbedingten Rausch: ich nehme es so, wie es in dem Augen-

blick ist, wo es mir Spaß macht, mich mit ihm zu beschäftigen: Ich beschreibe hier nicht das Wesen, sondern nur die vorübergehenden Erscheinungsformen meines Ich. (...) Was ich tue, ist ein Notieren des Ablaufs verschiedener und sich ändernder zufälliger Erscheinungsformen meines Ich, von unscharfen und sich gelegentlich widersprechenden Vorstellungen von mir selbst. Ich selbst bin das eine Mal ein anderer als das andere Mal. Nun ist es also nicht nur der Wind der Ereignisse, der mich schüttelt, wie er will, sondern die Bewegung und die Unsicherheit geht auch von mir selbst aus infolge der Unbeständigkeit meiner Haltung; und wer sich unbefangen beobachtet, findet, dass er fast nie zweimal der gleiche ist. (...) Wenn Stabilität des menschlichen Ich erreichbar wäre, würde ich nicht bloß tastende Versuche der Selbsterkenntnis mit mir anstellen, sondern ich könnte die Aufgabe, die ich mir hier stelle, ein für allemal lösen: so aber bleibe ich in der Selbsterkenntnis immer beim Lernen und Probieren.

Michel de Montaigne

Michel Eyquem de Montaigne (* 28. Februar 1533 auf Schloss Montaigne in der Dordogne; † 13. September 1592 am gleichen Ort) war Philosoph und Begründer der Essayistik.

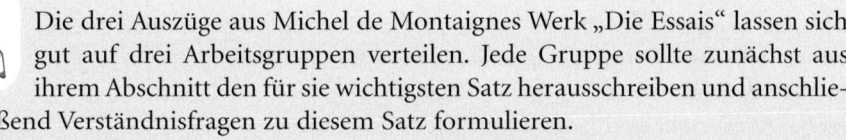

Die drei Auszüge aus Michel de Montaignes Werk „Die Essais" lassen sich gut auf drei Arbeitsgruppen verteilen. Jede Gruppe sollte zunächst aus ihrem Abschnitt den für sie wichtigsten Satz herausschreiben und anschließend Verständnisfragen zu diesem Satz formulieren.

Die Kernaussagen der drei Abschnitte werden von Gruppen an die Tafel geschrieben oder auf ein Plakat und anschließend erläutert. Dabei können und sollen die drei Gruppen sich gegenseitig beim Verstehen helfen.

Auf der DVD „Zauber Philosophie" gibt es unter dem Stichwort ‚Mit Leib und Seele' (Track 3) einen philosophischen Zaubervortrag von ANDINO zum Leib-Seele-Problem. Er vermittelt Gedanken anregend einige interessante historische Überlegungen zu diesem Thema.

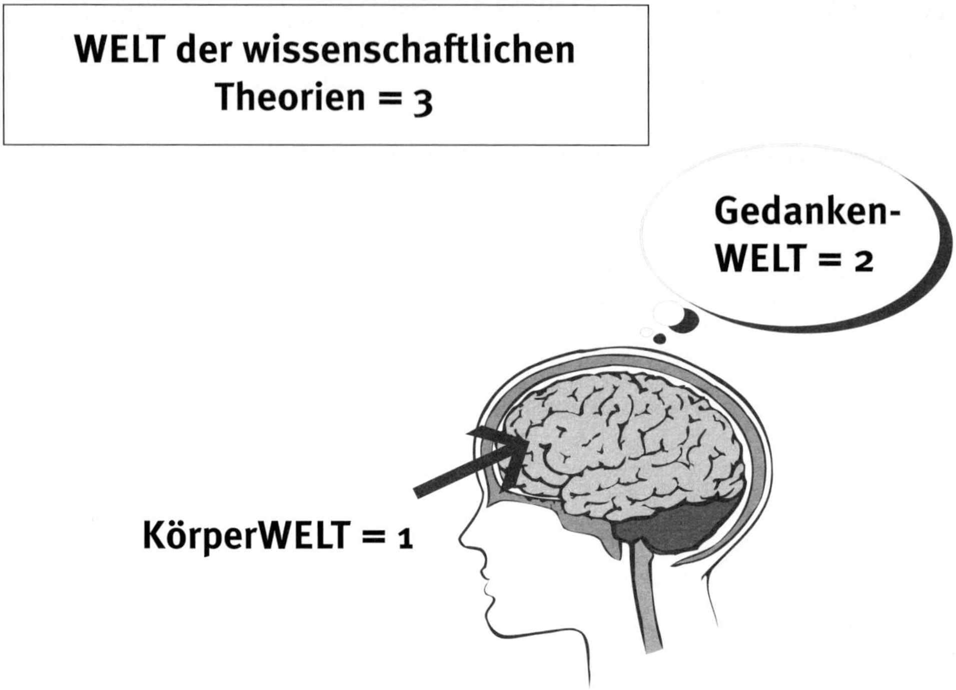

> **Gedanken-WELT = 2**

KörperWELT = 1

Mit Leib und Seele

(...)

Und damit komme ich zum Leib-Seele-Problem.

Das Leib-Seele-Problem ist die Frage, ob und wie unsere Denkvorgänge in der Welt 2[1] mit Gehirnvorgängen in der Welt 1[2] verbunden sind.

Die hauptsächlichen Lösungsversuche sind folgende:

(1) (...): Welt 2 und Welt 1 stehen in Wechselwirkung, so dass beim Lesen eines Buches oder beim Zuhören bei einem Vortrag Gehirnvorgänge entstehen, die auf die Welt 2 der Gedanken des Lesers oder Hörers *wirken*; und umgekehrt, wenn ein Mathematiker einem Beweis folgt, dann *wirkt* seine Welt 2 auf sein Gehirn und damit auf Welt 1. (...)

(2) (...): Jeder Denkvorgang in der Welt 2 läuft mit einem Gehirnvorgang in der Welt 1 parallel.

(3) (...): Das ist die These, dass es nur eine Welt gibt, die Welt 1. Und in ihr gibt es Bewegungen der Menschen und Tiere oder das Verhalten von Menschen und Tieren. Das, was ich Welt 2 nenne, existiert einfach nicht, (...)

(4) (...): Das ist die These, dass nur die eine Welt 2 existiert und eine Welt 1 nur meine Vorstellung ist. (...)

Ich behaupte, dass der erste und älteste dieser Lösungsversuche der einzige ist, der ernst genommen zu werden verdient.

Karl Popper

[1] Ich nenne die Welt der physischen Vorgänge „Welt 1"
[2] und die Welt der psychischen Vorgänge nenne ich „Welt 2".

Sir Karl Raimund Popper (* 28. Juli 1902 in Wien; † 17. September 1994 in London) war ein österreichischer und britischer Philosoph und Wissenschaftstheoretiker.

Die vier von Karl Popper vorgestellten Lösungsversuche zum Leib-Seele-Problem lassen sich gut in anschaulichen Bildern festhalten.

Gibt es noch weitere Gründe und anschauliche Beispiele für den ersten und für Karl Popper einzig überzeugenden Lösungsversuch für das Verhältnis von Körper und ‚Seele'?

Welche Konsequenzen hätte es für jeden von uns, wenn der 4. von Karl Popper vorgestellte Lösungsversuch für das Leib-Seele-Problem zutreffen würde und die ganze Welt nur in unserer Vorstellung existieren würde? Welche Gründe sprechen dagegen, dass nur das wirklich ist, was wir uns vorstellen?

Im Rahmen eines Selbstversuchs kann man feststellen, ob und wie die von Popper so genannte Welt 1 (= Körperwelt) auf die Welt 2 einwirkt. Inwiefern ändert sich unser Denken und Fühlen, wenn wir zum Beispiel etwas besonders Leckeres wie Eis oder Schokolade essen?

Für Popper gibt es noch einen „Welt 3". Das ist die Welt der ‚Produkte des menschlichen Geistes' oder die ‚Welt der Theorien'. Man kann sich an einem einfachen Beispiel klar machen, wie die ‚Welt der Theorien', z.B. das Gesetz der Erdanziehungskraft über den Umweg über die Welt 2 auf die Welt 1 einwirkt! Gilt auch das Umgekehrte, also die Beeinflussung der Welt 1 auf die Welt 2 und schließlich auf die Welt 3?

3 | Ich bin du

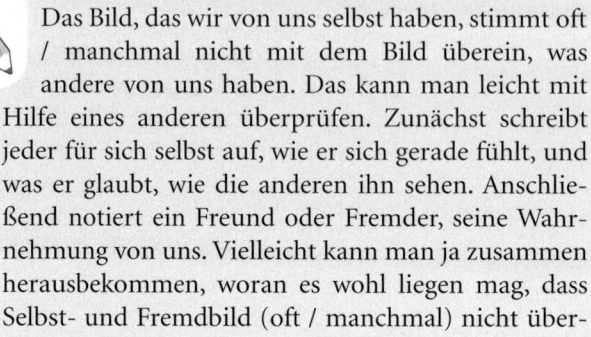

Das Bild, das wir von uns selbst haben, stimmt oft / manchmal nicht mit dem Bild überein, was andere von uns haben. Das kann man leicht mit Hilfe eines anderen überprüfen. Zunächst schreibt jeder für sich selbst auf, wie er sich gerade fühlt, und was er glaubt, wie die anderen ihn sehen. Anschließend notiert ein Freund oder Fremder, seine Wahrnehmung von uns. Vielleicht kann man ja zusammen herausbekommen, woran es wohl liegen mag, dass Selbst- und Fremdbild (oft / manchmal) nicht übereinstimmen.

Track 4: ANDINO zeigt am Beispiel der Multi-Pip-Karte, dass man nur für und nur mit anderen ‚zaubern‘ kann. Aber was am anderen ist so wichtig für uns? Kämen wir vielleicht nicht sogar besser ohne die anderen zu Recht? Warum ist das Urteil für unser Selbstverständnis so wichtig?

Was denkst du, was ich denke – was er denkt?

Denken wir wirklich dasselbe, wenn wir dasselbe sehen? Wenn zwei Personen, die sich dieses Affenbild ansehen, unabhängig voneinander aufschreiben, was wohl der andere denkt, woran dieser Affe im Augenblick denkt, müsste sich dies ja sofort belegen oder widerlegen lassen.

Der Blick des anderen

[In seinem Theaterstück ‚Geschlossene Gesellschaft' sperrt der französische Schriftsteller Jean-Paul Sartre drei Personen, die sich vorher noch nie gesehen haben, nach ihrem Tode für immer in einem Hotelzimmer ein: Estelle, Inés und Garcin. Kurz nachdem die drei sich dort kennen gelernt haben, spielt sich folgende Szene ab:]

In dieser Zeit trägt Estelle wieder Puder und Rouge auf. Estelle pudert sich und sucht besorgt nach einem Spiegel. Sie kramt in ihrer Handtasche und dreht sich dann zu Garcin um.

ESTELLE: Mein Herr, haben Sie einen Spiegel? *Garcin antwortet nicht.* Einen Spiegel,
5 einen Taschenspiegel, irgendetwas? *Garcin antwortet nicht.* Wenn Sie mich schon allein lassen, dann besorgen Sie mir doch wenigstens einen Spiegel. *Garcin behält den Kopf in den Händen und antwortet nicht.*

INÉS *beflissen:* Ich habe einen Spiegel in meiner Tasche. Sie kramt in ihrer Tasche. *Mit Bedauern:* Ich habe ihn nicht mehr. Sie müssen ihn mir in der Kanzlei abgenommen
10 haben.

ESTELLE: Wie ärgerlich. *Pause. Sie macht die Augen zu schwankt.*

INÉS *springt herbei und hält sie:* Was haben Sie?

ESTELLE *macht die Augen wieder auf und lächelt:* Mir ist so komisch. *Sie betastet sich:* Geht Ihnen das nicht auch so: Wenn ich mich nicht mehr sehe, kann ich mich noch so sehr
15 betasten, ich frage mich, ob ich eigentlich existiere.

INÉS: Sie haben Glück. Ich fühle mich immer von innen her.

ESTELLE: Ah ja, von innen her … Was in den Köpfen vorgeht, ist so verschwommen, das macht mich müde. *Pause.* In meinem Schlafzimmer sind sechs große Spiegel. Ich sehe sie. Ich sehe sie. Aber sie sehen mich nicht. Sie spiegeln das Kanapee[1], den Teppich, das
20 Fenster… wie leer das ist, ein Spiegel, in dem ich nicht bin. Wenn ich sprach, sorgte ich immer dafür, dass einer da war, in dem mich sehen konnte. Ich sprach, ich sah mich sprechen. Ich sah mich, wie die Leute mich sahen, das hielt mich wach. *Verzweifelt:* Mein Rouge! Ich bin sicher, dass es schief ist. Ich kann doch nicht für alle Ewigkeit ohne Spiegel bleiben.

25 INÉS: Soll ich Ihnen als Spiegel dienen? Kommen Sie, ich lade Sie zu mir ein. Setzen Sie sich auf mein Sofa. (…) Setz dich. Rück näher. Noch näher. Schau mir in die Augen: Siehst du dich da?

ESTELLE: Ich bin ganz klein. Ich sehe mich ganz schlecht.

INÉS: Ich sehe dich. Ganz und gar. Stell mir die Fragen. Kein Spiegel ist treuer. (…)
30 ESTELLE: Habe ich mein Rouge richtig aufgetragen?

---

[1] Kanapee: veraltet für Sofa mit Rücken- und Seitenlehne

INÉS: Lass sehen. Nicht allzu gut. (...) Was hast du denn da, dort unten auf der Wange? Einen roten Fleck?

ESTELLE *zuckt zusammen:* Einen roten Fleck? Das ist ja grauenhaft! Wo denn?

INÉS: Da! Da! Ich bin der Fangspiegel, mein Täubchen, ich habe dich! Da ist kein Rot. Nicht
35 eine Spur. Na? Wenn der Spiegel nun zu lügen anfinge? Oder wenn ich mich weigerte, dich anzusehen, was machtest du dann mit der ganzen Schönheit? (...)

Jean-Paul Sartre, * 21. Juni 1905 in Paris, † 15. April 1980 in Paris, war ein französischer Schriftsteller und Philosoph.

Mit Hilfe von drei Freiwilligen kann man diese Szene nachspielen und zwei Gruppen sehr genau das Verhalten von Inés und Estelle beobachten lassen. Sie sollten sich anschließend darüber verständigen, inwieweit das Urteil eines anderen entscheidend für das eigene Selbstverständnis ist.
Wie fühlt man sich, wenn auf das, was man sagt, überhaupt keine Reaktion von anderen (mehr) kommt?

1. Was sieht man, wenn man einem anderen direkt in die Augen schaut? Was sieht man nicht?
2. Kann man sich vor dem Blick eines anderen schützen? Wie?
3. Warum geben so viele Menschen so viel von ihrem Privatleben preis, um für ein paar Minuten ins Fernsehen zu kommen, um von von vielen anderen gesehen zu werden, die sie selbst gar nicht sehen können?

Einig sind sich alle nur über die schwarze Katze

Paris. (sad) Sitten und Bräuche sind in Europa sehr unterschiedlich. Was sich in Skandinavien gehört, könnte in Portugal eine Beleidigung sein. Von Tischsitten bis zu den Feiertagen gibt es in Europa viele Unterschiede. Nur eine schwarze Katze bedeutet überall auf
5 dem Alten Kontinent Unglück.
Geben Sie einem Engländer nur beim Kennenlernen die Hand. Beim zweiten Male würde er es als Beleidigung empfinden. Denn die Sitte kommt aus dem Mittelalter, als man sich durch den Händedruck versichern musste, hinter dem Rücken keine Waffe zu verstecken. Den französischen Wangenkuss zur Begrü-
10 ßung empfindet jeder Portugiese als zu intim. In Portugal umarmt man sich.

Lädt ein Schwede seine Gäste für 20 Uhr ein, so meint er damit: „Kommen Sie doch nach dem Abendessen vorbei." Die letzte Mahlzeit findet im hohen Norden um 18 Uhr statt. In Frankreich und Deutschland lädt man gegen 20 Uhr zum Abendessen ein, in südlichen Ländern nicht selten um 21.30 Uhr.

15 In Deutschland, Frankreich und Italien darf man sich zu einem Essen um ein „akademisches Viertelstündchen" verspäten, in Österreich sollte man nur fünf Minuten später beim Gastgeber erscheinen. Ein Portugiese oder Spanier dagegen ist nicht überrascht, wenn sein Gast mit einer halben Stunde Verspätung erscheint.

In Skandinavien und Deutschland bedankt man sich schon bei der Begrüßung für die Ein-
20 ladung, in Südeuropa erst zum Abschluss. In Frankreich verdienen nur verheiratete Frauen einen galanten Handkuss, in Griechenland nur Geistliche.

Bei Tisch werden die europäischen Benimm-Unterschiede dann komplizierter. Wenn es in Deutschland unfein ist, die Kartoffeln mit dem Messer zu zerkleinern, so gilt dies in Italien für Nudelgerichte, in Spanien für Eierspeisen und in Frankreich für Salate.

25 Ein gut erzogener Engländer führt den Suppenlöffel diagonal zum Mund, ein Franzose hält ihn frontal zum Munde. In Skandinavien gilt es als flegelhaft, seinen Teller nicht zu leeren, in Deutschland und Frankreich wäre die Gastgeberin darüber nicht beleidigt.

Ein Italiener praktiziert nach dem Essen die „Skarpetta", mit Brot säubert er den Teller, was heißt, dass es gut geschmeckt hat.

30 Die Franzosen dagegen merken beim Käse, ob das Essen gefallen hat. Von der Käseplatte sollte man sich nur einmal und in kleinen Mengen bedienen. Sonst muss die Gastgeberin denken, dass man beim Hauptgericht nicht satt geworden ist.

Auch die Feiertage werden in Europa unterschiedlich interpretiert. In Schweden springt man von Stühlen oder Tischen in ein glückliches neues Jahr. Italienerinnen bekommen
35 zum Silvesterfest eine rote Unterhose, „auf dass das neue Jahr ereignisreich werde". In Spanien isst man im Rhythmus der zwölf Gongschläge zu Mitternacht zwölf Rosinen, und in Griechenland dreht man beim Jahreswechsel die Wasserhähne auf – damit die Natur viel Regen beschere.

Freitag, der dreizehnte, gilt in Italien als Glückstag. In Griechenland und Zypern ist man
40 an einem Dienstag, dem dreizehnten, misstrauisch. Dort gilt ein vorbeifahrender Krankenwagen als schlechtes Omen. In diesem Falle hält man sich die linke Hand so lange an den Hals, bis auf dem Weg ein Glück bringendes Tier vorbeikommt.

Dieses Tier darf aber kein schwarzer Kater sein. Darüber ist man sich einig: Der schwarze Kater ist der einzige gesamteuropäische Unglücksbringer.

Wie andere uns sehen und erleben, wird mit Sicherheit auch von ihren eigenen Gewohnheiten und Sitten bestimmt. Was bei uns als ‚normal' gilt, finden andere komisch oder albern und umgekehrt. Um sich die Normalität des Andersartigen bewusster vor Augen zu führen, könnte man einige der hier vorgestellten Gebräuche fotografisch nachstellen oder auf Plakate malen.

Ein Gesicht

Zunächst sollte jeder für sich aufschreiben, welche Gefühle dieses Bild in ihm auslöst. Dann könnte man genau zu beschreiben versuchen, was an dem Gesicht des von Youval Yariv gemalten Menschen ungewöhnlich oder auffällig ist. In einem nächsten Schritt wäre die Frage zu beantworten, was den Künstler wohl zu dieser Art von Portrait bewegt hat. Und erst am Schluss sollte eine Bewertung stehen: „Also, mir gefällt …"

Den Katzenartigen wollten wir verbrennen

Ich weiß auch nicht mehr, wie der Mitschüler hieß, den wir, in meinem Heimatort, eines Tages verbrennen wollten. Es sollte in einem unterirdischen Gang geschehen, und wir fingen schon an, diesen Gang zu graben, wir kamen immerhin einen Meter Gebirgsboden tief. Dieser Junge war katzenartig; er hatte eine Art, sich zu wehren, die ihn jedem Zugriff
5 entkommen ließ. Nicht nur, dass er spuckte und kratzte und um sich schlug, er wehrte sich hemmungslos auf seine Weise: Er biss dem Gegner sofort durch die Haut, stach mit gespreizten Fingern voll Wucht in die Augen, fuhr tief in die Nasenhöhlen, krallte sich in den Kehlkopf, trat in die Hoden, und entwand sich mit einem urwüchsigen Jiu-Jitsu selbst dann noch, wenn ihn zwei oder drei umklammert hielten. Er gehörte zur Gegenpartei;
10 sonst wäre er unser Held gewesen.

Mein Heimatort zieht sich durch ein Nord-Süd-Tal, weist demnach einen Ost- und einen Westhang auf, und so ergaben sich zwei Parteien, die Sommerseitler und die Winterseitler, deren Kampf auf Leben und Tod jedoch irgendwann, lang vor meiner Schulzeit, von einer Nord-Süd-Spaltung überkreuzt wurde; nach der legendären Schlacht am Hütten-
15 bach, bei der zwei für Lebzeit Entstellte geblieben sein sollen, wuchsen schließlich zwei Clans heran, die lokal nicht mehr genau begrenzt werden konnten. Ihre Kerntruppen entstammten der Bürgerschule, wir Volksschüler waren Nachwuchs, Buben vom Tross. Die Anführer waren brutale Götter, die Programme hießen beiderseits Alleinherrschaft durch Terror, und der Kampf brach sofort aus, wenn eine Partei sich in der Überzahl glaubte. Das
20 Los der Gefangenen war arg.

Im Winter war das Stopfen üblich, die Wasserfolter der Inquisition: Dem auf den Rücken Geworfenen wurde die Nase zugehalten und der sich notwendig öffnende Schlund so lange, und so tief, mit Schnee voll gestopft, bis dass einem der Anführer Bedenken kamen. – Im Sommer nahm man Frösche und Schlamm.
25 Den Katzenartigen also wollten wir verbrennen. „Wir gießen Benzin drüber und zünden ihn an und sehen zu, wie er verbrüht", erklärte unser Anführer. – Ich gehörte zu denen,

die eingeweiht wurden, wiewohl ich nur erst ein Volksschüler war; man weihte mich ein, weil das Verbrennen unterm Grundstück meines Vaters stattfinden sollte, wo wir ungestört graben konnten. Der Schacht, den wir durch den Fels niedertrieben, maß im Quadrat einen halben Meter, so dass jeweils nur einer arbeiten konnte; wir hatten ja nichts als Hacke und Schaufel. Quarz; ich höre ihn heute noch knirschen.

Wer grub, grub eine Viertelstunde, dann wurde er abgelöst; wir gruben drei Tage, dann verschoben wir es: Unser Anführer wollte Sprengstoff besorgen, und da gab's immer neue Schwierigkeiten. – Auch ich durfte zweimal hacken und hackte bis zur Erschöpfung; ich war darauf ungemein stolz. Der Schacht sollte drei Meter tief niederführen, zu einem hüfthohen, sich rasch zum Gewölbe weitenden Gang, der, dann sich ebenso rasch wieder verengend, in den verwahrlosten Steinbruch auslaufen sollte, der das Berggrundstück meines Vaters begrenzte. Er wurde, der Steinbruch, als Gerümpelhalde benutzt, und der Ausstieg sollte in einem Brennesselschlag zwischen verrosteten Kübeln und zerschlissnen Matratzen sein, wo ihn niemand entdecken konnte.

Ich sah den Gang, das Gewölbe; ich konnte sie mir leibhaftig vorstellen, und ich sah uns auch im Gewölbe umgehn, bei Fackelschein, mit vermummten Gesichtern; dass wir einen verbrannten, entzog sich mir. Wenn ich es mir vorzustellen versuchte, erstarrte die Szene; aber ich würde es ja erleben und schauderte der Prozedur mit einer Mischung aus Grauen und Neugier entgegen, in der die Neugier überwog.

Dass wir den Katzenartigen verbrennen würden, daran zweifelte ich nicht. Begegnete ich ihm, wusste ich sein Ende; ich begegnete ihm beinah auf jedem Schulweg und starrte ihn mit einer Mischung aus Gottesallmacht und Grauen an. Er genoss die Beachtung wohl dadurch am tiefsten, dass er sie nicht beachtete. Er ging, als ob ihm die Straße gehörte; die Hände tief in den Hosentaschen, vornüber geneigt, in den Hüften sich drehend, die Schultern rollten vor und zurück. Er pflegte bei jedem Schritt auszuspucken, gezielte Speichelstöße auf Gräser und Käfer; er nahm die geringste Bewegung am Straßenrand wahr und versuchte sie zu tilgen. Ich sah ihn übrigens nur auf der Straße, nicht am Badeteich, nicht im Wald, nicht im Gras. – Er griff mich nie an, und ich ihn auch nicht; mich verachtete er, ich kannte sein Ende, und das gab mir eine Überlegenheit, die sich bis ins Mitleid verstieg: Von seinem Schicksal weiß ich nichts mehr.

> Kann man verstehen, dass der im 1. und letzten Abschnitt beschriebene Mitschüler der ‚Katzenartige' genannt wird und dass man ihn verbrennen wollte? In welcher Situation wird die Idee dazu geboren? Der Erzähler schaudert der Prozedur mit einer Mischung aus ‚Grauen und Neugier' entgegen. Warum wohl?

Franz Fühmann (* 15. Januar 1922 in Rochlitz an der Iser, Tschechoslowakei; † 8. Juli 1984 in Berlin) war ein deutscher Schriftsteller. Er lebte und wirkte als (Nach-)Erzähler, Essayist und Kinderbuchautor in der DDR. In seiner Jugend durch den Nationalsozialismus geprägt, wurde er nach dem Krieg Anhänger des Sozialismus, dem er aber zunehmend kritischer gegenüber stand und von dem er in seinen späten Jahren bitter enttäuscht war.

Oder auf etwas schießen, bis es kaputt ist

I (betritt die Bühne. Er geht auf das Mikrophon zu, nachlässig, aber sogleich in der Haltung sicherer Herrschaft)

II (versucht es ihm nachzutun, bleibt in einigem Abstand stehn, so dass seine Stimme nur mäßig verstärkt sein wird)

5 III (nähert sich wie einer, dem etwas versprochen wurde, ein ungewöhnliches Spiel. Als er ungefähr so weit von II entfernt ist wie II von I, kommandiert ihn II):

II Halt!

III (zuckt nicht gerade zusammen, verharrt aber doch einen Augenblick, geht dann weiter, merklich langsamer, herausfordernder)

10 II Bleib stehn!

I (pustet in das Mikrophon. Es ist nicht eingeschaltet. Er klopft mit dem Finger, er schaltet es ein.)

II (mit mikrophon-verstärkter Stimme): Du sollst stehn bleiben!

III (hat sich zuletzt kaum noch bewegt)

15 I (pustet in das Mikrophon, klopft dann. Jetzt und bei passender Gelegenheit sollten Geräusche und Stimme so verstärkt sein, dass die Schmerzgrenze erreicht wird)

II (wendet sich an I): Zeigst du sie mir?

I (bleibt unbeteiligt, schaut II oder III an, ohne sich zu rühren)

II (dreht sich auf III zu): Geh ein Stück zurück, wir haben was zu besprechen.

20 III (bleibt da, wo er steht)

I (knöpft langsam sein Jackett auf, zieht es nun aus, legt es sorgfältig zusammen. Sein Schulterhalfter ist sichtbar geworden, in dem eine Pistole steckt)

II Ist sie das? (vergisst sich, aufgeregt, will näher)

I (zieht die Pistole aus dem Halfter, legt langsam und sorgfältig auf II an)

25 II Nein, tu das nicht! (weicht zurück) Nicht, nicht, nein!

I (schwenkt den Arm, legt auf III an)

III (bleibt stehn, rührt sich nicht)

I (drückt ab. Es klickt, verstärkt durch das Mikrophon. Er öffnet die Kammern oder nimmt das Magazin der Waffe raus, beginnt sehr langsam, die Waffe mit Schreck-
30 schussmunition zu laden)

II (nähert sich dem III, stößt ihn): Kommst dir aber vor, was? (dreht sich um, geht ein, zwei Schritte weg, wendet sich um, schreit): Ein Scheißer bist du, ein verdammter, blöder Esel. Der hätt dich abgeknallt, eiskalt, wenn er Lust dazu gehabt hätte.

III (steht ungerührt da)

35 II (wendet sich auf I zu): Zeigst du sie mir mal?

I (lädt die Waffe ruhig weiter, verstaut die restliche Munition, schleudert sie II dann unvermittelt zu)

II (weicht erschreckt aus. Die Waffe landet zwischen II und III, ehe III sie erreichen kann, rennt II darauf los, nimmt sie an sich, bedroht III damit): Jetzt schieß ich dir
40 ein schönes, dickes Loch in den Bauch. (nähert sich): Ein Loch, dass du deinen Kopf reinstecken kannst, deinen blöden.

III	*(weicht vor ihm zurück)*
II	*(wendet sich halb I zu, ohne III aus dem Blick zu verlieren):* Er zieht sich zurück! *(nähert sich III)* Wenn ich jetzt schieße, was passiert dann, he? Was passiert dann?

45 III *(steht ängstlich da)*

II *(zielt mit der Waffe auf den Bauch, die Arme, die Beine, dreht sich um, geht auf I zu):* Er ist blöd! *(geht auf III zu):* Das ist eine Schreckschusspistole, siehst du das nicht?

III *(bleibt ziemlich steif stehn)*

50 II *(geht auf I zu, gibt ihm die Waffe, geht zurück auf seine Position):* Und wo ist die andere? *(wartet):* Die richtige? Hast du nicht gesagt, du bringst sie heute mit? *(wartet):* Hast du sie dabei?

I Du wolltest dir was einfallen lassen.

II Ich? Nie! Wie kommst du darauf?

55 I Mach einen Vorschlag, los.

II Woher soll ich einen Vorschlag haben?

I Von mir. Alles ist immer von mir.

II Du hast die besten Ideen, das steht fest.

I Ihr saugt mich aus. Euch fällt nie was ein. Los. Mach du einen Vorschlag.

60 II Ich weiß doch keinen, sag schon, was wir machen.

I *(wendet sich an III):* Und du, was ist mit dir?

II Was soll schon mit dem sein? Siehst du doch: blöd rumstehen kann er. Hast du nun die Pistole dabei?

I Und wenn ich sie dabei hab?

65 II Dann machen wir was damit.

I Was?

II Das weißt du doch längst. Komm, sag es.

I Ich will erst was von dir hören.

II Wir könnten jemand überfallen oder auf etwas schießen, bis es kaputt ist. (...)

1989 erhielt „Klettermaxi" nach Helmut Walbert von Rieke Müller-Kaldenberg, Regie: Hartmut Kirste den Deutschen Kinderhörspielpreis

Bevor man diese Szene aus dem Theaterstück „Oder auf etwas schießen, bis es kaputt ist" von Helmut Walbert nachspielt, ist es sinnvoll, sich klar zu machen, was für Typen die lediglich mit Ziffern benannten Jugendlichen I, II und III sind. Ein Regieteam könnte sich gleichzeitig darüber Gedanken machen, wo und wie I, II und III bei dieser Szene auf der Bühne stehen und was sie machen sollen.

Falls man die Szene mit Hilfe einer Filmkamera festhalten will, wäre vorher zu überlegen, mit wie viel Einstellungen sie aufgenommen werden soll, aus welcher Perspektive und mit welcher Bildgröße (Totale, Halbtotale, Groß, Detail).

Das Theaterstück geht natürlich nach dem letzten hier abgedruckten Satz weiter. Aber wie? Verschiedenen Schreibgruppen könnten sich unterschiedliche Fortsetzungen ausdenken und dürften natürlich auch noch weitere Figuren dazuerfinden, also IV, V, VI usw.

Zum Abschluss des Theaterprojekts beantwortet jeder Teilnehmer schriftlich die Frage: „Warum habe ich eigentlich noch keinen Menschen umgebracht?" Die genannten Gründe können im Anschluss gemeinsam in der Klasse besprochen werden.

Asis klatschen

27. Juli 2000
Norbert Plath, 51 Jahre
Der Obdachlose wurde in Ahlbeck (Mecklenburg-Vorpommern) von vier jungen Rechtsextremisten zu Tode geprügelt. Er hatte zuvor mit den Tätern getrunken, die ihn dann mit
5 Füßen traten. Norbert Plath hatte sich bereits schlafen gelegt, als die vier Täter zurückkehrten und brutal auf ihn eintraten. Er starb an seinen schweren inneren Verletzungen. In Vernehmungen durch die Polizei erklärten die Täter unter anderem „Asoziale und Landstreicher haben im schönen Ahlbeck nichts zu suchen".

10 12. Juli 2002
Marinus Schöberl, 17 Jahre
Die drei Täter zwischen 17 und 23 Jahren schlugen in einer Wohnung in Potzlow (Brandenburg) auf Marinus Schöberl ein, weil sie
15 ihn für „minderwertig" hielten. Er hatte Sprachschwierigkeiten und entsprach mit seinem HipHop-Outfit nicht dem Geschmack der drei Rechtsextremisten. Sie verlangten von ihm, zuzugeben, dass er Jude sei, flößten
20 ihm Alkohol ein und urinierten auf seinen Kopf; mindestens zwei Zeugen beobachteten die Tat, schritten jedoch nicht ein. Danach brachten die Täter Marinus Schöberl zu einem Schweinestall und misshandelten ihn
25 dort. Nach über vier Stunden Erniedrigungen, Prügel und gezielten Tritten auf den Kopf war er tot. Seine Leiche, versenkt in einer Jauchegrube, wurde erst im November 2002 entdeckt.

Süddeutsche Zeitung vom 09.06.2004

Draufschlagen und dann feiern gehen

In Mannheim beginnt der Prozess gegen fünf Jugendliche, die einen Obdachlosen tot geprügelt haben sollen – einfach mal so

Stuttgart – Johann B. durfte vor seinem Tod noch eine Zigarette rauchen. In Neulußheim bei Ludwigshafen nannten sie ihn „Penner-Paule" oder „den Obdachlosen von der Bushaltestelle". Dabei hatte er ein Haus, zwar kein richtiges, aber zumindest eine Hütte im Hubwald, wo er wohnte. Bis zu jenem 15. Oktober 2003.

5 An diesem Abend kamen acht Jugendliche dorthin und prügelten ihn zu Tode. Einer war 19, die anderen zwölf bis 14 Jahre alt, zwei Mädchen waren darunter. Die Jugendlichen hatten einen 1,80 Meter langen Pfahl und einen Besenstiel mitgebracht, der herumgereicht wurde. Einmal machten sie eine Pause, um zu rauchen. Johann B. warfen sie seine Blättchen zu, er durfte sich eine drehen.

10 Dann traten sie ihm in den Unterleib und sprangen auf seinen Kopf. Schließlich ließen sie ihn vor seiner Hütte liegen und fuhren mit ihren Rädern nach Hause. In der nächsten Nacht starb Johann B.

Sein ganzer Körper war malträtiert worden, viele Stunden lang, von oben bis unten. Das geht aus der Anklageschrift der Staatsanwaltschaft Mannheim hervor. An diesem Mitt-
15 woch beginnt vor dem dortigen Landgericht der Prozess gegen fünf der Tatverdächtigen. Vier müssen sich wegen gemeinschaftlichen Totschlags verantworten, einer wegen Körperverletzung mit Todesfolge. Am Ende des Prozesses wird eine Strafe feststehen für die Jugendlichen, aber die Frage, warum B. sterben musste, wird vielleicht nie richtig beantwortet werden können.

20 Die fünf Angeklagten kommen aus Neulußheim, einem Ort mit 6000 Einwohnern. Die meisten gingen in die Realschule und kommen aus Familien, die man als intakt bezeichnen könnte. Nur der Angeklagte K., der Älteste der Gruppe, war schon einmal aufgefallen, wegen Sachbeschädigung und Körperverletzung. Die anderen seien ganz normale Schüler gewesen, ist der Anklageschrift zu entnehmen. K. war der Anführer der Gruppe.

25 Im Sommer 2003 hatte er einen Streit mit dem Obdachlosen Johann B., nichts Großes, aber der heute 20-Jährige fühlte sich wohl so beleidigt, dass er mit den anderen im Oktober zur Hütte von Johann B. ging, um ihn zu verprügeln. Danach wollte man feiern. Das war der Anlass. Für das, was danach geschah, finden die Ermittler kein rechtes Motiv. Die Staatsanwaltschaft Mannheim vermutet einen „gruppendynamischen Prozess" – keiner
30 hätte ein Schwächling sein wollen.

Johann B., der mit 54 Jahren starb, lebte seit 23 Jahren ohne festen Wohnsitz. Die wenigen, die mit ihm Kontakt hatten, beschreiben ihn als „nett und lustig". Er war ein Außenseiter; einer, an dem man leicht zeigen konnte, dass man der Stärkere ist. „Bei dem machen sie nicht so genaue Untersuchungen wie bei normalen Menschen", soll einer der
35 Jugendlichen gesagt haben, bevor sie Johann B. liegen ließen. Am nächsten Tag gingen sie wieder zur Schule, einige prahlten mit der Tat. Es gab Interessenten, die mitmachen wollten, wenn man wieder loszog, um B. zu quälen. Aber da war er schon tot. Die mut-

43

maßlichen Täter wurden schnell ermittelt, und in Neulußheim fragten sich die Menschen: Warum? Man begann die Suche mit guten Vorsätzen. Gerhard Greiner, der Bürgermeis-
40 ter, wollte gemeinsam mit dem ganzen Ort das Geschehen aufarbeiten. „Man kann nicht immer alles auf die anonyme Gesellschaft schieben, wir sind die Gesellschaft, die Täter kamen aus unserer Mitte", sagt er. Es gab Gesprächskreise, man machte sich Gedanken: „Die Gruppe war sehr abgeschlossen, sie hat an verschiedenen Orten versucht, Fuß zu fassen, wurde aber nicht akzeptiert", sagt Greiner. Das erkläre aber nicht alles. Im Ort
45 haben sie eine Initiative gegen Jugendgewalt gegründet, die an Schulen und Kindergärten arbeitet. „Wir wollen als Gemeinschaft Verantwortung zeigen, aufarbeiten und für die Zukunft lernen." Dazu gehöre auch, die Täter nicht auszugrenzen. Nur der Älteste der Jugendlichen kam in Untersuchungshaft, die meisten anderen durften weiter zur Schule gehen. Die Strafe sei Sache der Justiz, sagten die Schulen.
50 So viel Unterstützung für die Täter ist umstritten im Ort. Die Jugendlichen haben sich hinter ihren Anwälten verbarrikadiert. „Einer schiebt dem anderen die Schuld zu", sagt Greiner. Zwei von ihnen haben einen Entschuldigungsbrief an die Familie des Opfers geschrieben. Die Schulen wollen derweil ihre Aufarbeitung fortsetzen. Zusammen wollen Lehrer und Schüler auch die Fernseh-Dokumentation „Warum Kinder töten" anschauen, in der
55 die Ereignisse nachgezeichnet werden. Das Urteil, das für Anfang Juli erwartet wird, werde im Ort sicher heftig diskutiert werden, sagt Greiner. Viele wollten die Sache nun aber auch vergessen. An Johann B. soll zumindest ein Gedenkstein erinnern. Dort, wo einst seine Hütte stand.

Bernard Buffet, Zeitvertreib, 1998

Die hier beschriebenen Fälle sind zum Glück Einzelfälle, aber es passiert leider immer wieder, dass Jugendliche Außenseiter, Penner oder Behinderte belästigen, traktieren oder gar töten. Was sagen die Artikel über die Gründe? Wie sollte man mit den Tätern umgehen? Sollte es überall – wie in Neulußheim – Initiativen gegen Jugendgewalt geben?

Geld oder Liebe?

Die Überraschung: 96 Prozent der Befragten geben an, tatsächlich eine große Sehnsucht in sich zu tragen – aber Liebe (5 %) und Super-Sex (nur knapp 1 Prozent) liegen dabei auf der Wunschskala ganz hinten. „Ich möchte nie mehr Geldsorgen haben!" ist dagegen DER deutsche Herzenswunsch Nr. 1 (42 %).
Platz zwei und drei belegen die Reise ins persönliche Traumland (22 %) und der Job, der wirklich Spaß macht (13 %).
8 % der Männer haben den brennenden Wunsch nach einer Partnerin, die sie wirklich liebt.
Nur bei 3 % der Frauen steht diese Sehnsucht ganz vorn.
Weit abgeschlagen: ein Kind (2 %).
Dies sind einige Ergebnisse der Umfrage, die die junge wöchentliche Zeitschrift LISA in Zusammenarbeit mit der TNS Emnid Mediaforschung unter 482 repräsentativ ausgewählten Frauen und Männern im Alter zwischen 20 und 49 Jahren durchgeführt hat. Die Frage lautete: Was ist ihr heimlicher Lebenstraum?

Zum Austausch über die Ergebnisse dieser Umfrage bietet sich ein Schreibgespräch an.
Ein zweiter möglicher Schritt ist die Wiederholung der Umfrage („Was ist ihr heimlicher Lebenstraum?") im Bekannten- oder/und Schülerkreis.

Ist es verständlich oder eher verwunderlich, dass andere Menschen (Liebes- / Ehepartner, Kinder) eine so untergeordnete Rolle spielen, wenn die Deutschen nach ihren heimlichen Lebensträumen gefragt werden? In seinem 1774 erschienenen Erfolgsroman „Die Leiden des jungen Werthers" lässt Johann Wolfgang Goethe seinen unglücklich verliebten Helden sagen: „Es ist doch gewiss, dass in der Welt den Menschen nichts notwendig macht als die Liebe." Was ist denn am Leben noch lebenswert, wenn wir nicht geliebt werden oder selbst lieben?

4 | Lebens-Lügen

Achtjährige im Internet zum Verkauf angeboten

Koblenz/Traunstein (dpa/AFP) – Ein Paar aus dem Westerwald soll im Internet ein acht Jahre altes Mädchen zur Versteigerung angeboten haben. Nach Angaben der Traunsteiner Polizei vom Dienstag war am Samstag auf der Internetseite des Auktionshauses „Ebay" ein Foto des Kindes eingestellt worden, als Startgebot wurde ein Euro angegeben. Im zugehörigen Text hieß es: „Man kann mit ihr spielen, sie bei einer Grillparty verspeisen oder sie an Zigeuner verkaufen. Sie ist ein echtes Funktionsspielzeug."

Laut Polizei gab es drei Gebote bis zu 25,50 Euro. 98 Menschen hätten das „Angebot" angeklickt.

Die von einer bayerischen und von einer rheinland-pfälzischen Internetnutzerin alarmierte Polizei ließ den Eintrag löschen und begann, gegen das Paar wegen des Verdachts des versuchten Menschenhandels zu ermitteln. Das Mädchen ist die Tochter der Frau des unverheirateten Paares. Polizisten durchsuchten die Wohnungen der 35-Jährigen und ihres 41-jährigen Partners und beschlagnahmten eine Reihe von Gegenständen und Unterlagen. Die Staatsanwaltschaft Koblenz schloss einen üblen Scherz nicht aus.

Der beschuldigte Mann sagte nach Angaben der Münchner Polizei, er habe in Absprache mit der Frau als Test zeigen wollen, was in „Ebay" alles „abläuft". Das Auktionsunternehmen bezeichnete sein Vorgehen als „geschmackloses Unterfangen". Auch wenn es sich um einen Scherz gehandelt habe, distanziere sich das Unternehmen ausdrücklich davon.

Track 5: Natürlich sollte zunächst jeder einmal wie ANDINO einen Stab schweben lassen – zum Beispiel einen Bleistift – und dabei die alte ‚Zauberregel' beachten: Eine größere Bewegung deckt eine kleinere. Ist man eigentlich ein Betrüger, wenn man diesen Trick vorführt und nicht verrät, wie er funktioniert? Darf man eigentlich vor Kindern ‚zaubern'? Aber vielleicht sind ‚Zauberer' ja nur ‚Unterhaltungslügner', wie einmal ein 12-Jähriger zu ANDINO sagte.

Könnte man dieses Ebay-Angebot auch als ‚Unterhaltungslüge' bezeichnen? Wodurch unterscheidet sich ein Zauberkunststück von solch einem ‚üblem Scherz'?

War es richtig und wichtig, dass ein Ebayer dieses Angebot der Polizei gemeldet hat? Was ist von den 97 anderen Ebayern zu halten, die dieses Angebot nur angeklickt haben? Sind die Eltern des Kindes vor Gericht zu stellen? Was müsste der Staatsanwalt dort sagen, was der Verteidiger? Was würde oder müsste das betroffene Kind seinen Eltern sagen, wenn es erfährt, dass es bei Ebay zum Verkauf angeboten wurde?

„Der Mensch lügt 200 Mal am Tag"

Für Forscher, die sich mit dem Phänomen Lüge beschäftigen, ist dies sicher keine Überraschung. Schließlich hat schon der amerikanische Psychologe John Fraser hochgerechnet, dass auch der „einfache" Mensch rund 200 Mal am Tag lügt, eine Zahl, die inzwischen allgemein anerkannt wird. Professor Dr. Jochen Mecke von der Uni-
5 versität Regensburg, der sich seit Jahren mit dem Phänomen Lüge wissenschaftlich beschäftigt, ist der Meinung: „Schon ein Guten-Tag-Wunsch ist eigentlich eine Lüge, wenn er einem unbeliebten Menschen gilt. Wir leben in einer Lügengesellschaft", fügt er hinzu. Vor allem Politiker seien manchmal geradezu gezwungen, zum Mittel der Lüge zu grei-fen, da sie ihre Entscheidungen öffentlich begründen müssen und um jeden Preis die
10 Mehrheit auf ihre Seite bringen müssen. „Dann lügen Politiker eben", stellt Mecke tro-cken fest.
Der Regensburger Professor ist durchaus nicht der einzige Wissenschaftler, der das Phä-nomen Lüge erforscht. Der Wiener Soziologe Peter Stiegnitz, der den provozierenden Satz „Lügen ist das Salz des Lebens" prägte, hat sogar einen sehr persönlichen Grund. 1944
15 fragte ihn ein Nazi-Scherge: „Bist du Jude?" Stiegnitz sagte „Nein" und rettete so sein Leben. Er hat gelogen.
Es handelte sich hierbei allerdings um den Typ Lüge, die selbst unter harten moralischen Anforderungen zu rechtfertigen ist, die so genannte Notlüge. Und das ist die Ausnahme. Im Alltag lügt der Mensch meist, weil er sich in ein besseres Licht stellen will. Männer, so
20 fand Stiegnitz heraus, übertreiben gern bei der Beschreibung ihrer beruflichen Position, Frauen flunkern ebenso oft bei Angabe von Alter oder Gewicht; wobei es sich nicht um besonders überraschende Erkenntnisse handelt. Auch die Motive Faulheit und Angst, Ver-antwortung zu übernehmen oder familiäre Probleme zu verschleiern, sind allgemein be-kannt und nach Meinung des Wiener Wissenschaftlers sogar häufig nützlich und erlaubt.
25 Wer lügt, ohne andere zu schädigen, wer beispielsweise versucht, seine Mitmenschen mit einer Lüge zu trösten wie der Arzt, der die Heilungschancen eines Schwerkranken über-treibt, oder wer anderen freundlich Komplimente macht, um Freude zu bereiten, der han-delt, so Stiegnitz, auch moralisch einwandfrei.
Die besten Lügner jedenfalls sind die, die von ihrer
30 eigenen Lüge fest überzeugt sind. Dann ist es nach Ansicht von Professor Mecke in Regensburg besonders schwer, einen Lügner zu ertappen. Jedenfalls seien Schweißausbrüche oder Erröten keine eindeutigen Anzeichen, stellt der Forscher
35 fest. Selbst mit Hilfe eines Lügendetektors lässt sich nicht immer eindeutig feststellen, ob ein Mensch die Wahrheit sagt oder nicht, er liefert nur Hinweise (siehe Kasten). Die können aber alle auch ganz andere Ursachen haben, so dass sich
40 Lügendetektoren nicht als Beweismittel vor Ge-richt durchsetzen konnten.

Symptome

Wenn ein Mensch lügt, dann verändert sich seine Atmung. Er kratzt sich vielleicht plötz-lich an der Nase oder an den Ohren; er feuchtet die Lippen an. Seine Pupillen erweitern sich, die Augen werden eben-so starr wie Arme und Beine, er dreht die Handflächen, zuckt mit den Schultern und verändert die Stimmlage.

Übrigens ist das Lügen den Menschen durchaus nicht angeboren. Kinder unter vier Jahren, so fand man an der Universität Würzburg heraus, können nicht lügen, das lernen sie erst später mit der Fähigkeit, sich in andere hineinzudenken um sie so manipulieren zu
45 können. Allerdings sind selbst Affen in der Lage, sich einiger Tricks zu bedienen, beispielsweise einen scharfen Warnruf auszustoßen; die Kollegen somit auf die Bäume zu jagen, um anschließend gemütlich die auf dem Boden liegende Banane zu verspeisen.
Für den in London arbeitenden „Lügologen" Professor Dr. Volker Sommer ist die Lüge sogar ein ganz wesentlicher Grund für die Entwicklung menschlicher Intelligenz, denn nur,
50 wer clever genug war, beispielsweise falschen von richtigem Alarm zu unterscheiden, der konnte überleben und diese Fähigkeiten fortpflanzen. Generell betrachtet, ist Lügen also gar nicht so schlimm, sie ist sogar, wie der große französische Spötter Voltaire[1] einmal schrieb, eine hohe Tugend, wenn sie Gutes tut. Man müsse allerdings wie der Teufel lügen, sagt Voltaire, „nicht zaghaft, nicht nur hin und wieder, sondern mutig und immer."

[1] Voltaire: französischer Schriftsteller (1694– 1778) und kritischer Denker.

> Ist die Erkenntnis der ‚Lügologen', dass wir rund 200 Mal am Tag lügen, nicht eine erschreckende Tatsache? Aber lügen wir denn wirklich, wenn wir einem Menschen, den wir nicht mögen einen ‚guten Tag' wünschen? Müssen wir nicht sogar lügen, wenn wir einem Menschen dadurch helfen? Wird das Lügen dadurch besser, dass es alle tun und alle darum wissen?

Von der Unmöglichkeit ohne Lüge zu leben

Die Lüge (...) betrifft uns alle. (...) Deswegen hat es keinen Sinn zu fordern, dass man die Wahrheit um jeden Preis sagen und tun müsse. Es ist schlicht unmöglich. Wir können unsere Augen auch nicht vor der Tatsache verschließen, dass wir in einem Zeitalter des Luges und des Truges leben. Voran die verlogenen Medien, die uns täglich umgeben, die elektronisch manipulierten Bilder, die nun den perfekten Betrug ermöglichen, weil der Klick mit der Maus keinerlei Spuren mehr hinterlässt (...).Unsere soziale Welt kommt nicht ohne Simulation[1], Lug und Trug aus, sie funktioniert scheinbar nur auf einem undurchschaubaren und unentwirrbaren Gewebe aus Unlauterkeit[2], wo das „So-tun-als-ob" zum universalen[3] Verhaltensmuster geworden ist, um die harten Ecken und Kanten unserer komplexen[4] Wirklichkeit zu glätten. (...) Wahrscheinlich brauchen Menschen beides: Wahrheiten und Lügen. Was die Lüge betrifft, so brauchen sie die Lügen, die sie selbst erdichten und erfinden dürfen, und nicht solche, die man ihnen auftischt.
Stellen wir uns das Gegenteil vor: eine Welt, die die schonungslose Ehrlichkeit und den ungebrochenen Gefühlsausdruck an deren Stelle setzen würde. Kaum eine gnadenlosere, destruktivere[5] Neuerung ließe sich denken. Denn in der Tat: Wir brauchen das Ver-

[1] Simulation: Nachahmung – [2] Unlauterkeit: altertümlich für Unwahrheit – [3] universal: überall gültigen
[4] komplex: zusammmen gesetzt – [5] destruktiv: zersetzend, zerstörend

steckspiel, die Tarnung, das So-tun-als-ob, damit das Zusammenleben und Überleben in dieser komplexen Welt einigermaßen erträglich wird. Wenn jeder über jeden absolut Bescheid wüsste, wenn jeder nur das bekäme, was er verdient, und umfassende Kenntnis herrschte über die sittlichen, moralischen und politischen Zustände unserer menschlichen Gemeinschaft, würden wir wahrscheinlich erfrieren an der Kälte und Lieblosigkeit, die solch eine schonungslose, gläserne Gesellschaft ausmachte. (...)

Irmgard Tarr-Krüger

Irmtraud Tarr Krüger ist Psychotherapeutin und Musiktherapeutin mit eigener Praxis in Rheinfelden.

 Frau Tarr-Krüger behauptet, dass wir in einem Zeitalter von ,Lug und Trug' leben, vor allem in der Medienwelt. Gibt es dafür gute Beispiele aus dem Fernsehen, Zeitschriften oder dem Internet?

Brauchen wir wirklich die (kleinen) Lügen, um nicht an ,Kälte und Lieblosigkeit' zu erfrieren? Wie sähe ein Gespräch aus, in dem wir einer Freundin / einem Freund zu Aussehen und Verhalten klar die Wahrheit sagen würden?

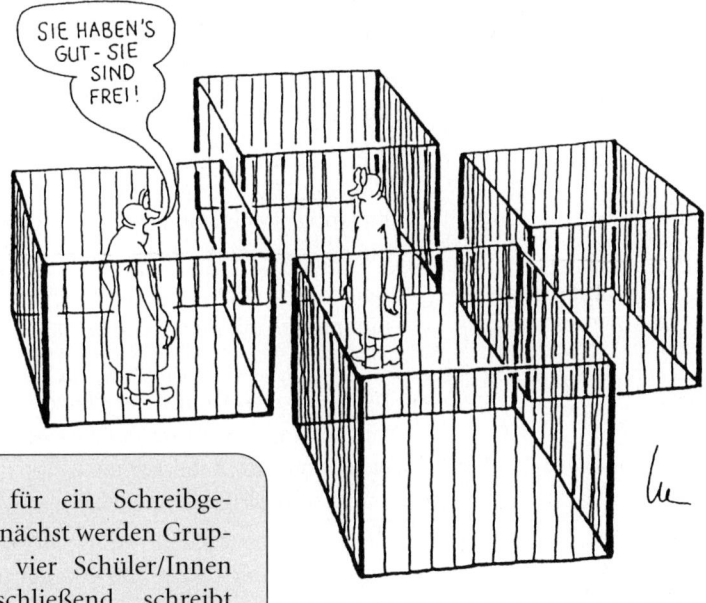

 Vorschlag für ein Schreibgespräch: Zunächst werden Gruppen zu je vier Schüler/Innen gebildet, anschließend schreibt jeder auf, was ihm spontan zu dieser Zeichnung einfällt. Die Notizen werden in die Tischmitte gelegt. Wer möchte, kann sich dazu äußern, und die Erstschreiber können dann auf die Kommentare schriftlich antworten.

Anschließend unterhält sich die Schreibgruppe über die unterschiedlich Ansichten und bündelt diese zu Thesen, die im Plenum vorgestellt werden.

Loriot

schlecht für mich – **g**ut für mich – **S**chlecht für andere – **G**ut für andere

Ob das so stimmt?

Verhalten	Formel	Beispiel
schicklich	s → S	Eine Freundin der Sängerin, die zum Geschirrspülen weder eine besondere Neigung verspürt noch dazu ein besonderes Talent besitzt, erklärt sich bereit, nach der Feier das Geschirr abzuwaschen, damit dem Personal frei geben werden kann.
boshaft	g → G	Eine Sängerin singt spät in der Nacht bei offenem Fenster ihre Lieblingsarien, um einen mürrischen Nachbarn zu ärgern.
gehässig	S → s	Die Sängerin gibt ein Konzert, das die Zuhörer begeistert; ihr Motiv aber ist ihre eigene Freude am Singen (und die ihr angebotene Gage).
selbstzerstörerisch	s → G	Der Manager der Sängerin stiehlt die Kasse und flieht nach Europa, um mit dem Geld dort luxuriöse Ferien zu verbringen.
selbstlos	S → g	Der ehemalige Freund der Sängerin lädt sie mit ihrem seit kurzem angetrauten Mann zu einem Abendessen ein und weiß, dass der Anblick ihres Glücks ihn selbst schrecklich schmerzen wird.
eigensüchtig	G → g	Der mürrische Nachbar springt aus seinem Bett, stellt sich im Schlafanzug in seine kalte Garage und lässt einen Rasenmäher laufen, um es der nächtlichen Sänger heimzuzahlen.
selbstquälerisch	g → S	Eine Sängerin, die sehr gern singt, singt an Heiligabend in einem Altersheim, um den alten Menschen das Fest zu verschönern.
eigennützig	G → s	Der Manager der Sängerin stiehlt auch weiterhin, obwohl er weiß, dass er bald gefasst und hinter Schloss und Riegel gebracht werden wird.

Wie lautet die richtige Zuordnung: Verhalten – Formel – Beispiel?
Welche neuen Beispiele für die unterschiedlichen Formen des Verhaltens
können gebildet werden?

Der Fremde

(...) Abends hat Marie mich abgeholt und hat mich gefragt, ob ich sie heiraten wollte. Ich habe gesagt, das wäre mir egal, und wir könnten es tun, wenn sie es wollte. Sie hat dann wissen wollen, ob ich sie liebte. Ich habe geantwortet wie schon einmal, dass das nichts heißen wollte, dass ich sie aber zweifellos liebte. „Warum willst du mich dann heiraten?",
5 hat sie gesagt. Ich habe ihr dann erklärt, dass das völlig belanglos wäre und dass wir, wenn sie es wünschte, heiraten könnten. Im Übrigen wäre sie es, die fragte, und ich würde lediglich ja sagen. Sie hat dann aber zu bedenken gegeben, dass die Ehe eine ernste Sache wäre. Ich habe „Nein" geantwortet. Sie hat eine Weile geschwiegen und mich stumm angesehen. Dann hat sie geredet. Sie wollte nur wissen, ob ich den Vorschlag auch
10 von einer anderen Frau angenommen hätte, mit der ich auf die gleiche Weise verbunden wäre. Ich habe „Natürlich" gesagt. Da hat sie sich gefragt, ob sie mich liebte, und ich konnte dazu nichts sagen. Nach einem weiteren Moment des Schweigens hat sie gemurmelt, dass ich seltsam wäre, dass sie mich wahrscheinlich deswegen liebte, dass ich ihr aber vielleicht eines Tages aus ebendiesen Gründen zuwider sein würde. Da ich schwieg,
15 weil ich nichts hinzuzufügen hatte, nahm sie mich lächelnd beim Arm und erklärte, sie wollte mich heiraten. Ich habe geantwortet, wir täten es, sobald sie wollte. (...)

Albert Camus

Albert Camus (* 7. November 1913 in Mondovi, Algerien; † 4. Januar 1960 nahe Sens, Frankreich) war ein französischer Schriftsteller und während des Zweiten Weltkriegs Mitglied der französischen Résistance. 1957 erhielt er den Nobelpreis für Literatur, kam 1960 bei einem Autounfall ums Leben. Er ist einer der bekanntesten französischen Autoren des 20. Jahrhunderts.

Dieses Gespräch findet zwischen Meursault, der Hauptfigur des Romans ,Der Fremde' von Albert Camus, und seiner jungen, hübschen Freundin Marie statt. An welchen Stellen sagt er ihr schonungslos und offen, was er von ihrer Beziehung hält? Ist das in Ordnung so oder verletzt er damit die Gefühle seiner Freundin? Was fühlt und denkt wohl Marie dabei? Was ist von der Vorstellung zu halten, mit einem Mann wie Meursault befreundet oder gar verheiratet zu sein?

Wenn jeder an sich denkt

Als Sam Shapiro das College mit einem Diplom in Fernmeldetechnik verlassen hatte, war er voller Hoffnung und Ehrgeiz. So war er einigermaßen erstaunt, als er sich ein Jahr später als Verkäufer für ein großes Dachbauunternehmen wieder fand – die einzige Stellung, die sich ihm angeboten hatte. Nicht dass es Sam finanziell schlecht ging; es sah so aus,
5 als hätten er und seine Freundin Becca bald genug zusammengespart, um heiraten zu können. Außerdem machte ihm das Verkaufen sogar unerwarteterweise Spaß. Seine Firma führte ein gutes Produkt, und er hatte den Eindruck, dass er für seine Kunden von großem Nutzen war. Doch gerade diese Einstellung, anderen nützen zu wollen, führte eines Tages zu einem Zusammenstoß mit Frank Smith, dem Verkaufsleiter.
10 Als dieser Sam zu einer kurzen Unterredung in sein Büro bat, wusste Sam, dass es Ärger geben würde. Aber er konnte sich nicht vorstellen, weswegen. Seine Verkaufszahlen waren genauso gut wie die der meisten anderen Verkäufer, obwohl nicht ganz so gut wie die derjenigen, die alle möglichen Kniffe und Tricks anwendeten, um zu einem Vertragsabschluss zu kommen. Es zeigte sich, dass gerade das der Grund für seine Unannehmlichkeiten war.
15 „Sam, ich kann Sie ganz gut leiden“, begann Smith, „meines Erachtens haben Sie das Zeug zu einem überdurchschnittlich guten Verkäufer und gewiss werden Sie eines Tages da sitzen, wo ich jetzt sitze. Doch wenn Sie das erreichen wollen, müssen Sie sich auch entsprechend verhalten. Nun, ich habe gehört, Sie hätten im letzten Monat einen bereits unterschriebenen Vertrag zerrissen?“
20 „Das kann ich Ihnen erklären“, antwortete Sam. „Die alte Frau McIlhaney hätte das neue Dach von ihrer Rente nicht bezahlen können. Sie hatte sich auf ihre verheiratete Tochter verlassen, dass diese ihr jeden Monat mit einem bestimmten Betrag aushelfen würde; doch es stellte sich heraus, dass ihre Tochter entweder nicht konnte oder nicht wollte. Es wäre zwecklos gewesen, das Geschäft abzuschließen, wo sie doch nicht zahlen konnte.“
25 Smith lehnte sich in seinem Drehstuhl zurück und sah Sam an. „Ist Ihnen überhaupt nicht der Gedanke gekommen, dass wir eine Hypothek auf ihrem Haus haben und sie bei Zahlungsunfähigkeit zum Verkauf zwingen könnten, um so möglicherweise sehr günstig in den Besitz ihres ganzen Grundstücks zu gelangen? Es ist ein recht schönes Anwesen, Sam.“
Sam errötete und wollte etwas sagen; doch nur mit Mühe konnte er sich zurückhalten: „Nein,
30 dieser Gedanke ist mir, Gott sei Dank, nicht gekommen“, war alles, was er erwiderte.
„Doch noch etwas anderes, Shapiro, mir ist zu Ohren gekommen, Sie hätten einen Kunden sogar an ein anderes Unternehmen verwiesen“, fuhr Smith in weniger freundlichem Ton fort.
Sams Antwort klang diesmal nicht mehr sehr verbindlich: „Wir hatten eben nicht das rich-
35 tige Material für dieses Dach in unserem Angebot, Mr. Smith. Wir hätten keine gute Arbeit leisten können, und dem Kunden hätte es nur Ärger eingetragen.“
Frank Smith blickte Sam erstaunt an. „Shapiro, was denken Sie, was Sie verkaufen? Etwa Autos? Bei unserem Klima hält ein gutes Dach vierzig oder fünfzig Jahre. Sie haben einen langen grauen Bart, ehe ein neues Dach ansteht. Es ist schrecklich mit Ihnen, Shapiro, den-
40 ken Sie doch gefälligst daran, dass Sie zunächst an sich selbst zu denken haben. Keiner schert sich um Ihre Interessen, wenn Sie es nicht tun. Die Kunden sollen für sich selbst

sorgen. Ihr Auftrag ist zu verkaufen und nicht den Kunden zurückzuhalten, damit er nicht sein Geld unnütz ausgibt. Ich habe immer gedacht, euch würde man für gute Geschäftsleute halten."

Sam bemerkte kaum die Anspielung auf seine Rassenzugehörigkeit, so zornig war er über
45 das andere, was Smith gesagt hatte: „Mr. Smith, ich bin ganz und gar anderer Meinung. Tatsächlich bin ich der Ansicht, dass es einem Geschäftsmann gut ansteht, wenn er an die Interessen seiner Kunden denkt und für sie das Bestmögliche tut. Und im Übrigen finde ich keinen Gefallen daran, mir auf Kosten anderer ein paar lumpige Dollar hinzuzuverdienen. Im Leben geht es um mehr als nur um das eigene Ich."

50 „Halten Sie sich nicht selbst zum Narren!", spottete Smith. „Jeder denkt doch nur an sich selbst. Wenn es Ihnen Spaß macht, sozial zu wirken, gut. Das ist eben Ihre Art, sich wichtig zu tun. Niemand tut etwas, wenn nicht für ihn selbst dabei etwas herausspringt."

Sam blickte ihn an: „Mr. Smith, Sie selbst leben nicht einmal danach! Von Ihren Geschäftsmethoden halte ich wenig; doch ich bewundere die Art und Weise, wie Sie zu Ihrer Frau in
55 ihrer langen Krankheit stehen. Ich weiß, ein Grund für Ihre Reizbarkeit ist die Mühe, die Sie sich machen, um ihr das Leben einigermaßen erträglich zu gestalten. Ich weiß, dass einige Sekretärinnen Sie gern getröstet hätten, und bewundere es, wie Sie sie haben abblitzen lassen."

Smith errötete: „Halten Sie mein Privatleben heraus, Shapiro. Ich käme mit mir selbst nicht
60 mehr ins Reine, wenn ich meine Frau nach alldem, was wir zusammen durchgemacht haben, fallen ließe; doch das geht Sie nichts an."

Sam stand auf. „Das habe ich auch nicht behauptet, Mr. Smith; ich sage nur, dass auch Sie selbst nicht so zynisch[1] handeln, wie Sie reden. Darin sehe ich meine Chance; denn ich werde weiterhin meinen Kunden gegenüber ehrlich und hilfsbereit sein. Wenn Sie mich
65 entlassen wollen, dann bitte."

Smith drehte seinen Stuhl dem Fenster zu. „Gehen Sie, Shapiro, wer hat denn von Entlassung gesprochen? Was ich Ihnen sagte, habe ich Ihnen nur in Ihrem eigenen Interesse gesagt."

Sam öffnete die Tür und drehte sich noch einmal zu Smith um. „Vielen Dank für Ihre Hilfe,
70 Mr. Smith. Aber wie reimt sich das zu dem, was Sie soeben sagten, man habe nur an sich selbst zu denken?" Und Sam verließ das Büro und schloss leise die Tür hinter sich.

[1] zynisch: verletzend, spöttisch

Frank Smith und Sam Shapiro vertreten in diesem Gespräch ganz unterschiedliche Ansichten, wie man sich zu seinen Mitmenschen verhalten soll. Nachdem der Text gelesen worden ist, kann zunächst mit Hilfe eines Meinungsbildes festgestellt werden, wer eher den Standpunkt von Frank und wer den von Sam für richtig hält. In einem zweiten Schritt prüft man die Argumente von Frank und Sam noch einmal genauer und gewichtet sie dabei mit folgenden Symbolen: ☺ = starkes Argument, ☺ = schwaches Argument, ☹ = kein Argument.

Dafür sollst du fürs Leben verflucht sein!

(...) Die Zündapp[1] stand in der Garage, Pavel schob sie an dem Ford vorbei. Das Haus war dunkel, nur hinter dem Flurfenster glühte ein Schalter, rot, und aus
5 dem Keller hörte man das Brummen der Gefriertruhe. Auch in der Siedlung alles still, niemand mehr auf der Straße.

Doch als ich das große Blechtor
10 hinter uns schloss, hörte ich Schritte auf dem Pflaster, jemand pfiff ein Lied, und plötzlich bog Pavels Vater um die Hecke und öffnete die Pforte zur Einfahrt, den Jägerzaun. Er stutzte, blieb unter der Laterne stehen.

„Nanu. Kommt ihr auch grad heim?" Er roch stark nach Schnaps, hielt sich aber, wie meistens, gerade. Nur die Stimme leierte etwas.

15 „Nein", sagte Pavel. „Wir sind die Nachtschicht. Halt mal das Tor auf."

„Die was? Wieso? Wollt ihr etwa noch weg?" „Das siehst du doch."

Sein Vater schüttelte den Kopf, kam auf das Grundstück, zog den Zaun hinter sich zu. „Joschi, jetzt hör mal..."

Doch dann sah er mich an. „Ich weiß genau, was ihr vielleicht denkt, Simon. Ich war frü-
20 her nicht anders. Ich hab in den Erwachsenen auch immer nur Leute gesehen, die einem den Spaß verderben wollen. Aber plötzlich ist man Familienvater und hat Verantwortung, wisst ihr. Dann denkt man doch weniger ... schwarzweiß. – Joschi? Du bist sechzehn Jahre alt, und ich möchte dich höflich daran erinnern, dass du nach zweiundzwanzig Uhr nichts mehr in einem Lokal zu suchen hast. Jedenfalls nicht ohne einen Erziehungsberechtigten.
25 Außerdem war längst Polizeistunde."

„Wieso?", sagte Pavel. „Wer geht denn in die Kneipe? Wir fahren ins Puff!"

Sein Vater, im Laternenlicht, schmunzelte. „Du weißt, dass ich solche Reden nicht liebe. Also kommt, Jungs, schiebt das Moped zurück und legt euch schlafen. Es ist fast drei."

Pavel schluckte, umklammerte die Lenkergriffe fester, starrte vor sich auf den Boden.

30 „Oller?" Er sprach durch die Zähne. „Dann mach du das Tor auf." Doch sein Vater hatte sich dagegen gelehnt, kramte seine Blechdose hervor und drehte eine Zigarette. Er schwieg bedeutsam, kreuzte die Beine. Schließlich leckte er das Blättchen ab und spuckte etwas Tabak über den Zaun, auf den Bürgersteig.

„Pass mal auf, Joschi. Ich kann ja verstehen, dass dir das hier mächtig gegen den Strich
35 geht. Ich war auch so ein Trotzkopf. Fast noch schlimmer. Aber jetzt ist eine andere Zeit. Das Tor bleibt zu, und ich muss dir mal Folgendes sagen: Solange du hier ein und aus gehst und die Füße unter meinen Tisch stellst ..."

---

[1] Zündapp: alte Moped-Marke

Ich stolperte, wäre fast in das Zierbeet gefallen: Nach einem kaum hörbaren „Halt mal!"
hatte Pavel die Maschine zu mir hingestoßen, ich kriegte sie am Spiegel zu fassen, zer-
40 trat ein paar Blumen, und mit zwei, drei großen Schritten war er bei seinem Vater, der
gerade die verbeulte Dose schloss und verwundert zu ihm aufblickte, freundlich fast.
Genau so würde Pavel später einmal aussehen, dachte ich, hager und stark, und noch im
Lauf holte er aus und schlug ihm die Faust ins Gesicht.
Der Mann, beide Hände vor Nase und Mund, taumelte zur Seite, und sein Sohn trat zu,
45 immer wieder. Die Arme gestreckt, um sich im Gleichgewicht zu halten, trat er eine Latte
nach der anderen aus dem Rahmen, und dann flogen Schlüssel, Schloss und Klinke auf
die Straße.
„Welches Tor denn?", schrie er. „Wo, verdammt, ist hier ein Tor?! Alles offen, du Arsch!
Alles offen!" Breitbeinig, die Hände an den Hüften, den Kopf geneigt, stand der Mann auf
50 dem Pflaster und ließ das Blut einfach abtropfen. Im Haus gingen Lichter an, auch in den
Häusern gegenüber, und ich hörte Frau Schönrock im Garten nach Pavel rufen. Der setzte sich aufs Moped, startete den Motor und drehte sich nach mir um: „Na los, steig auf."
Sein Vater trat einen Schritt zurück, betupfte sich die Nase mit dem Jackenärmel.
„Joschi?" Er schniefte, schluckte. „Moment noch, bitte. Ich bin gleich fertig. Ein bisschen
55 Geduld werdet ihr haben." Er spuckte aus. „Dass du das getan hast, mich geschlagen, ist
nicht weiter schlimm, hörst du. Macht mir gar nichts. Das verrechnen wir."
Langsam bückte er sich nach seiner Tabaksdose, schloss die zitternde Hand darum.
„Keine Sorge, Simon, du kannst ja nichts dafür. Ich bin hart im Nehmen. Härter als so
mancher." Und wieder zu seinem Sohn, der nervös am Gas drehte: „Aber dass du mich
60 hier, vor allen Leuten, vor den Nachbarn ..." Er schwankte auf uns zu, schüttelte den Kopf,
hielt die Tränen nicht zurück. Blut lief ihm über Lippen und Kinn. Frau Schönrock trat in
die plötzlich erleuchtete Haustür, und er hob die Faust mit der krummen Zigarette zwischen den Fingern und schrie gegen den aufheulenden Motor: „Dass du mich vor den
Augen deiner Mutter und vor deinem besten Freund geschlagen hast, dafür sollst du ver-
65 flucht sein, Junge! Dafür sollst du fürs Leben verflucht sein!"

Ralf Rothmann

Ralf Rothmann, geboren am 10. Mai 1953, ist ein deutscher Schriftsteller. In seinen Romanen, die meist im Ruhrgebiet oder in Berlin spielen, begegnen oft rebellierende Jugendliche in der Welt einfacher Arbeiterfamilien.

Warum schlägt der 16-jährige Pavel (Joschi) seinen Vater mit der Faust ins
Gesicht und nimmt anschließend das Gartentor auseinander? Hätte Simon
eingreifen und sich gegen Pavel stellen müssen? Was ist davon zu halten,
dass Pavels Vater seinen Sohn am Ende des Streits derartig verflucht? Wie sollte Pavels Vater das gewalttätige Verhalten seines Sohnes später mit ihm ‚verrechnen'?

3 schwierige Entscheidungen

Dr. Maiers Entscheidung

Dr. Maier ist Arzt in einer Unfallklinik. Seine 12-jährige Tochter liegt schwer krank in seiner Klinik. Sie benötigt dringend eine Spenderlunge, um überleben zu können. Eines Tages wird ein junger Mann eingeliefert, der einen Autounfall hatte und nun im Koma liegt. Schon jetzt ist klar, dass er im Falle seines Überlebens querschnittgelähmt sein wird. Eine routi-
5 nemäßige Blutuntersuchung ergibt, dass der junge Mann als Spender für das 12-jährige Mädchen in Frage käme. Zudem besitzt er auch einen Organspendeausweis. Dr. Maiers Tochter geht es inzwischen so schlecht, dass nur eine Transplantation binnen weniger Tage ihr Leben retten könnte. In der folgenden Nacht setzt das Herz des jungen Mannes aus. Der einzige, der dies bemerkt ist Dr. Maier. Eine sofortige Reanimation des Patienten wäre
10 mit großer Wahrscheinlichkeit erfolgreich. Im Wissen, seine Tochter retten zu können, wenn der Patient stirbt, entscheidet er sich, mit der Hilfe zu warten, bis es zu spät ist. Der junge Mann stirbt. Die Lunge des Mannes wird erfolgreich transplantiert.

Katjas beste Freundin

Katja, 16 Jahre alt, war mit Monika, ihrer besten Freundin, in die große Pause gegangen. Sie geht allein zum Schulbäcker, um sich ihr Vesper zu kaufen. Als sie vom Bäcker zurück-kommt, sieht sie, wie ein fremder Junge Monika einen 50-Euro-Schein gibt und die ihm ein Päckchen Drogen zusteckt. Katja kann es nicht fassen, dass ihre beste Freundin mit Dro-
5 gen handelt. Katja will Monika zur Rede stellen. Aber da klingelt es und Monika geht in die Schule. Als Katja ihr folgen will, steht plötzlich ein Lehrer vor ihr: „Da wurde doch bestimmt mit Drogen gehandelt", meint dieser. „Du hast das doch gesehen? Wir können das Dro-gendealen an unserer Schule nicht zulassen. Sag mir, hat Monika Drogen verkauft?"
Würde eine eigene Antwort auf die Frage des Lehrers eher leicht oder eher schwer fallen?

Susannes Problem

Susanne hat ein Problem. Sie war mit Uli, ihrer besten Freundin, in ein Waren-haus gegan-gen, um Einkäufe zu machen. Sie haben sich verschiedene Kleider angeschaut. Da sah Uli eine Bluse, die ihr sehr gefiel. Sie sagte zu Susanne, dass sie die Bluse anprobieren wollte. Inzwischen schaute sich Susanne andere Sachen an. Als Uli aus der Umkleideka-
5 bine heraus kommt, hat sie ihren Mantel an. Sie winkte Susanne kurz und sah dann kurz auf die Bluse unter ihrem Mantel herunter. Dann drehte sie sich um und verließ schnell das Geschäft.
Wenig später kamen der Detektiv des Geschäfts, ein Verkäufer und der Geschäftsleiter auf Susanne zu und wollen ihre Tasche sehen. Als der Detektiv sah, dass sie nichts darin
10 hat, verlangt er, dass sie sagt, wer das Mädchen war, mit dem sie die ganze Zeit zusam-men gewesen war. Er sagt: „Sie hat eine wertvolle Bluse gestohlen. Du musst uns den Namen nennen, sonst kannst du wegen Mithilfe bei einer kriminellen Tat bestraft wer-den." Susanne beschloss aber, ihre Freundin nicht zu verraten.
Hat Susanne richtig oder falsch gehandelt?

Folgendes Schema hilft die Diskussion der Probleme von Dr. Maier, Katja und Susanne im Plenum bzw. in drei Kleingruppen zu strukturieren:
1. Nach der Vorstellung des jeweiligen Problems im Plenum findet eine (anonyme) Meinungsumfrage statt, bei der jeder auch kurz begründen soll, warum er sich Einzelfall so oder anders entscheiden würde.
2. Die Begründungen für die Pro- und Contra-Entscheidungen werden anschließend in Kleingruppen diskutiert und überprüft.
3. Danach findet wieder eine begründete (anonyme) Meinungsumfrage statt.
4. Falls sich die Zahl der Pro- und Contra-Entscheidungen gegenüber der 1. Meinungsumfrage geändert haben sollten, ist es sinnvoll sich gemeinsam über die neuen Begründungen zu unterhalten, die zu der Veränderung der ursprünglichen Entscheidung geführt haben.
5. Abschließend ist der Verlauf der Diskussion kurz zusammenzufassen und Verständigung darüber zu erzielen, über welche weiteren Fragen und Probleme jetzt zu reden wäre.

Das größtmögliche Glück

Es war einmal ein Prinz namens Peter. Während er das College besuchte, wurde er mit Werken des großen englischen Utilitaristen[1] John Stuart Mill[2] bekannt. Diese Lektüre
5 brachte ihn zu der Überzeugung, unter den gegebenen Umständen sei jeweils jene Handlung sittlich richtig, durch die sich das größtmögliche Glück für die größtmögliche Zahl von Menschen verwirklichen lasse.
10 Peter war ein sehr gewissenhafter, doch nicht sonderlich begabter junger Mann, dem

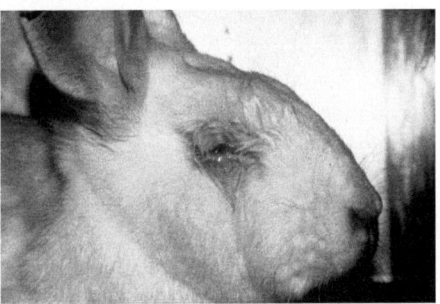

An diesem Kaninchen wurde die Reizwirkung eines Männerparfüms auf die Augenschleimhäute getestet.

es schon immer darauf angekommen war, stets das Richtige zu tun. Jetzt war er sich ganz sicher, er hätte endlich die entscheidende Formel zur Bestimmung des sittlich Richtigen für alle Fälle gefunden. Mit Begeisterung machte er sich daran, sein neues Prinzip nun
15 auch in die Tat umzusetzen.
Doch seltsamerweise hatten Peters Freunde den Eindruck, seine Handlungsweisen würden eher falscher als richtiger. Ehe Peter John Stuart Mill entdeckt hatte, war er immer ein sehr verlässlicher Mensch gewesen. Man konnte auf sein Wort bauen, er bezahlte pünktlich seine Schulden und erwiderte Freundlichkeit mit Freundlichkeit. Doch nun
20 begann er, das seinen Freunden gegebene Wort zu brechen; wenn man ihn daraufhin

[1] Utilitarismus: Lehre von der Nützlichkeit
[2] John Stuart Mill: englischer Philosoph, 1806–1873

ansprach, erklärte er mit großem Ernst, nach eingehender Überlegung sei er zu dem Schluss gekommen, aufs Ganze gesehen, sei es in diesem Fall besser, sein Versprechen zu brechen.

Prinz Peter hatte natürlich ein reichliches Taschengeld zur Verfügung; doch es zerrann ihm
25 geradezu zwischen den Fingern. Sein Freund Dick hatte ihm schon mehrere Male aushelfen müssen, und Peter hatte auch seine Schulden jeweils pünktlich am Monatsanfang zurückgezahlt. Doch auf einmal blieb er auch am Monatsanfang die geliehene Summe schuldig. Natürlich waren die Bettler, denen Peter das Geld gegeben hatte, darüber sehr glücklich; Dick aber hatte im Vertrauen auf das Wort seines Freundes ihm mehr geliehen,
30 als er es sich eigentlich hätte leisten können.

Peters andere Freunde versuchten, mit ihm darüber zu sprechen; doch immer schien er etwas zu tun zu haben, was seiner Ansicht nach mehr Gutes in der Welt bewirken würde als das Gespräch mit seinen Freunden. Und natürlich hatte er bei Zugrundelegung seines Prinzips auch recht; denn Unglück gibt es in der Welt genug; und jeder, der versucht, jede
35 einzelne seiner Handlungen an dem Prinzip des größtmöglichen Glücks für die größtmögliche Zahl auszurichten, wird tatsächlich Tag und Nacht beschäftigt sein.

Wenn Peter weiterhin ein Privatleben hätte führen können und dem Einfluss seiner Freunde ausgesetzt geblieben wäre, hätte er möglicherweise nach und nach seine Ansichten korrigiert; doch unglücklicherweise starb gerade zu dieser Zeit König Paul, und Peter folg-
40 te ihm auf dem Thron. Peters Königreich war klein und sehr rückständig; daher herrschte Peter in ihm wie ein absoluter Monarch. In seiner Begeisterung für sein neues Prinzip begann Peter sofort nach seiner Krönung neue Gesetze zu erlassen. Sein Volk war entsetzt, als Peter seine Mutter aus dem Palast holte und sie in einem Altenheim unterbringen ließ, und das, obwohl Peter mit Nachdruck auf all das Gute verwies, das er aus der
45 Unterhaltsersparnis für die alte Königin den Armen des Landes zukommen lassen könnte. Doch erst als Peter mit der Vernichtung ‚lebens-unwerten Lebens‘ begann, dachte man in seinem Volk an Revolution.

Natürlich hatte Peter die besten Absichten. Mit Hingabe erklärte er seinem Volk, es gebe zwei Wege, um die Gesamtsumme an Gutem zu erhöhen, nämlich einmal dadurch, dass
50 man das Glück mehre, und dann dadurch, dass man das Leid mindere. Bei der sogleich angeordneten Vernichtung aller Menschen, die an unheilbaren und schmerzhaften Krankheiten litten, war Peter der Überzeugung, dies würde erheblich zur Förderung der Gesamtbilanz an Gutem gegenüber Üblem in seinem Königreich beitragen. Er war sich zwar im klaren darüber, dass einige Verwandte der seiner Aktion zum Opfer Gefallenen nun sehr
55 traurig seien, doch rechnete er damit, dass sie über kurz oder lang ihren Schmerz schon überwinden würden. Obwohl nun einige der medizinischen Einrichtungen des Landes der Gesundheitsvorsorge zugeführt werden könnten, sei diese Aktion, so erklärte Peter, keineswegs aus Kostengründen geschehen. So hatte er z. B. von den Geisteskranken nur jene töten lassen, die an unheilbaren Depressionen litten, doch alle jene geschont, die
60 trotz ihrer Krankheit glücklich zu sein schienen.

Das, was das Fass zum überlaufen brachte, waren wohl die von Peter eingesetzten Glückskommissionen. Diese hatten Klagen gegen Bürger zu untersuchen, denen man vorwarf, sie würden durch ihre Existenz mehr Unglück als Glück bringen, und sie besaßen

die Vollmacht, jene zu töten, deren Leid verursachende Eigenschaften sich nicht mehr ab-
65 ändern ließen. Als eine dieser Kommissionen die Tötung eines jungen Adligen mit einer
Hasenscharte und einem verkrüppelten Körper aus dem Grund verfügte, weil sein Anblick
viele Menschen unglücklich mache, sprang der Funke über. Großherzog Edmund, Peters
Vetter, war der Anführer der Revolte. An der Spitze seiner Truppen stürmte er den Regie-
rungspalast, und als er sein Schwert in Peters Herz bohrte, schrie er: „Es tut mir leid, mein
70 Vetter! Doch *das* hier gereicht ganz sicher zum größtmöglichen Glück für die größtmögliche Zahl!"

> Warum soll man sich am Verhalten von Prinz Peter kein Beispiel nehmen?
> Ist es denn nicht richtig so zu handeln, dass das größtmögliche Glück für
> die größtmögliche Zahl von Menschen entsteht?
> Wo findet dieser Grundsatz seine Grenzen? Hat Großherzog Edmund, Peters
> Vetter, richtig reagiert?

Thomson-Paradoxon[1]

Stell dir vor du wachst eines Morgens auf und befindest dich in einem Krankenhausbett,
und im Bett neben dir liegt ein bewusstloser Mann, an den du irgendwie angeschlossen
bist. Man erzählt dir, dieser Mann sei ein bekannter Geiger mit einem Nierenleiden. Er
könne nur überleben, wenn sein Kreislauf an das Kreislaufsystem eines anderen Men-
5 schen mit derselben Blutgruppe angeschlossen werde, und du bist die einzige Person,
deren Blut geeignet ist. Deshalb hat dich eine Gesellschaft von Musikliebhabern gekid-
nappt, die Operation des Ankoppelns vollziehen lassen, und da bist du nun. Da es sich
um ein renommiertes[2] Krankenhaus handelt, könntest du jetzt, wenn du dich dafür ent-
scheidest, einen Arzt herbeirufen, um dich von dem Geiger abkoppeln zu lassen; aber der
10 Geiger wird dann mit Sicherheit sterben. Wenn du dagegen für (nur?) neun Monate mit
dem Geiger verbunden bleibst, wird er genesen, und du kannst von ihm abgekoppelt werden, ohne ihn zu gefährden.

Peter Singer/Judith Jarvis Thomson

[1] Paradoxon: widersprüchlicher Sachverhalt
[2] renommiert: guten Ruf haben

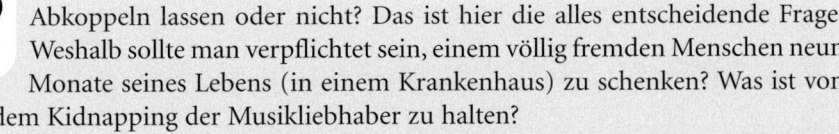

> Abkoppeln lassen oder nicht? Das ist hier die alles entscheidende Frage.
> Weshalb sollte man verpflichtet sein, einem völlig fremden Menschen neun
> Monate seines Lebens (in einem Krankenhaus) zu schenken? Was ist von
> dem Kidnapping der Musikliebhaber zu halten?
> Das Beispiel wurde von einer amerikanischen Philosophin erfunden, die damit
> das Recht von Frauen auf Schwangerschaftsabbruch rechtfertigen wollte. Ist ihr
> das gelungen?

❤ ──ALTRUIZIN ──▶ ❤

Der mit sehr menschlichen Eigenschaften ausgestattete Roboter Bonhomius[1] bekommt von einer fast allmächtigen Maschine das Rezept für ein Mittel, das dazu dienen soll, die Menschen glücklich zu machen. Das Präparat trägt den Namen ‚Altruizin'[2].

ALTRUIZIN. (...) Gefühle (...) und Empfindungen des Individuums[3] werden durch ALTRUIZIN auf alle Wesen übertragen, die sich im Umkreis von maximal vierhundert Schritt befinden. Funktioniert auf telepathischer[4] Grundlage, überträgt jedoch garantiert keine Gedanken. Wirkt nicht auf Roboter und Pflanzen.

(...) Die Intensität[5] der Empfindungen [wird] umso größer, je mehr Empfänger (...) beteiligt sind. (...) ALTRUIZIN [wird] in jeder Gesellschaft die unumschränkte Herrschaft der Brüderlichkeit, Solidarität[6] und tiefsten Sympathie[7] sicherstellen, denn die Nachbarn eines glücklichen Einzelwesens müssen dessen Glück teilen, und je glücklicher das Individuum, umso glücklicher sind zwangsläufig auch sie, so dass es in ihrem ureigensten Interesse liegt, ihrem Nächsten aus ganzem Herzen das Allerbeste zu wünschen. Wenn jemand Schmerzen leidet, so werden ihm sogleich alle zur Hilfe eilen, um sich selbst vom (...) Schmerz zu befreien. Weder Mauern, Zäune, Hecken noch andere Hindernisse können die altruisierende Wirkung aufhalten. Das Präparat ist wasserlöslich; es kann über Wasserleitungen, Flüsse, Brunnen etc. verteilt werden; ein Millimikrogramm[8] ist ausreichend für einhunderttausend Individuen. (...)

Stanislaw Lem

[1] Bonhomius: (lat.) Gutmensch – [2] Altruizin: Wortschöpfung von St. Lem, sie setzt sich zusammen aus den lateinischen Wörtern ‚alter' = der andere und ‚Medizin'. – [3] Individuum: der einzelne Mensch – [4] Telepathie: Fernfühlen – [5] Intensität: Stärke – [6] Solidarität: Zusammengehörigkeitsgefühl – [7] Sympathie: wörtlich ‚Mitleid' – [8] Millimikrogramm: Milligramm = 1/1000 Gramm; Mikrogramm = ein millionstel Gramm

Stanisław Lem, * 12. September 1921 in Lemberg, Galizien, † 27. März 2006 in Krakau, war ein polnischer Philosoph, Essayist und Science-Fiction-Autor.

1. Denke dir eine (alltägliche) Situation aus, bei der mit Hilfe von ‚Altruizin' die Empfindungen eines Menschen (Glück oder Schmerz) automatisch auf alle Lebewesen im Umkreis von 400 Metern übertragen wird und beschreibe dabei möglichst genau die Folgen für alle Beteiligten!

2. Diskutiert auf der Grundlage eurer Beispiele, was dafür und was dagegen spricht, ‚Altruizin' in eurer Heimatstadt ins Grundwasser zu geben!

3. Was würde sich an Lems Gedankenexperiment ändern, wenn ‚Altruizin' nur im Umkreis von 10 Metern, einem Meter oder darunter wirken würde?

5 | Weil wir uns so ähnlich sind

Nur einer kann der Boss sein

Die tiefste Wurzel unserer Gemeinschaftsfähigkeit besteht darin, dass uns von klein auf der Drang beherrscht, uns gegenseitig zu imitieren[1]. Wir sind gemeinschaftsfähig, weil wir dazu neigen, die Gesten, Worte, Wünsche und Werte der anderen nachzuahmen.

5 Ohne natürliche, spontane Nachahmung könnten wir kein Kind erziehen und daher auch nicht auf das Leben in der Gruppe vorbereiten. Natürlich machen wir das, weil wir uns so ähnlich sind. Aber durch die Nachahmung werden wir uns immer ähnlicher – so ähnlich, dass wir miteinander in Konflikt geraten. Wir wollen

10 das Gleiche haben, was die anderen auch wollen. Wir wollen alle dasselbe, aber manchmal können das nur einige wenige oder sogar nur einer besitzen. Nur einer kann der Boss sein, der Reichste oder der beste Krieger, beim Sport gewinnen, oder die schönste Frau als Ehefrau haben. Wenn wir nicht sehen würden, dass andere all diese Ziele anstreben, würden wir sie wahrscheinlich auch

15 nicht verfolgen – jedenfalls nicht so heftig. (...) Und so entzweit uns das, was uns vereint

Track 6: ANDINOS Seiltrick über die Un-/Gleichheit unter den Menschen wirft (zum Beispiel) auch die Frage auf, ob es nicht schöner und gerechter wäre, wenn wir alle gleich groß, stark, intelligent, liebenswert usw. wären? Spricht wirklich etwas dagegen?

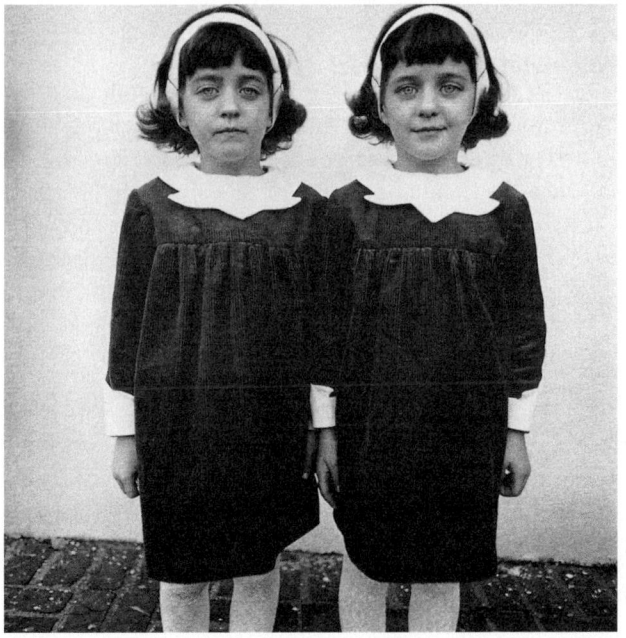

[1] imitieren: nachahmen

61

– das *Interesse*. Ursprünglich bedeutete „Interesse" das, was zwischen zwei oder mehr Personen ist, das heißt das, was sie eint, aber auch trennt.

Wir leben also in ständigem Konflikt, weil sich unsere Wünsche so sehr ähneln und deshalb aufeinanderstoßen, aber auch deshalb, weil wir so übermäßig soziale Wesen sind,
20 die sich alle sehr ähnlich sein wollen – aus übersteigerter Treue zu den Menschen des gleichen Landes, der gleichen Religion, Sprache, Hautfarbe. Darum sehen wir die Andersartigen als Feinde an und ächten oder verfolgen sie. (...)

Trotzdem, der Konflikt zwischen verschiedenen Interessen ist an sich nicht schlecht. Dank der Konflikte macht die Gesellschaft Erfindungen, sie wandelt sich, sie bleibt nicht ste-
25 hen. Die Einmütigkeit ohne Überraschungen ist sehr schön, aber auch so todlangweilig wie ein geradlinig verlaufendes Enzephalogramm[2]. Wir können nur dann sicherstellen, dass jeder eine eigene Persönlichkeit besitzt – das heißt, dass wir tatsächlich viele sind und nicht nur einer, der aus vielen Zellen besteht –, wenn wir ab und zu gegeneinander stoßen und mit den anderen konkurrieren. (...)
30 Es muss in der Gesellschaft Konflikte geben, weil in ihr wirkliche, unterschiedliche Menschen leben, mit ihren eigenen Initiativen und Leidenschaften. Eine Gesellschaft ohne Konflikte wäre keine menschliche Gesellschaft, sondern ein Friedhof oder ein Wachsfigurenkabinett. Und wir Menschen konkurrieren[3] miteinander und stoßen aufeinander, weil die anderen uns wichtig sind, weil wir uns gegenseitig ernst nehmen und dem
35 Leben in Gemeinschaft mit ihnen Bedeutung beimessen. (...)

In dem Maße, wie wir Menschen zahlreicher werden, erhöhen sich auch die Möglich-keiten für Konflikte. Es vergrößert sich auch das Durcheinander, wenn sich unsre Aktivitäten oder Möglichkeiten ausweiten und verschiedenartige werden. Vergleiche bloß mal den Indianerstamm am Amazonas mit kaum hundert Mitgliedern — die alle eine genau
40 festgelegte männliche oder weibliche Rolle haben, ohne viele Möglichkeiten, von der Norm abzuweichen – mit dem überaus komplizierten Gewimmel in Paris oder New York. Es ist nicht die Politik, die die Konflikte produziert, ob sie nun schlecht oder gut, anregend oder tödlich sind – sie sind notwendige Merkmale des Lebens in der Gesellschaft. Und paradoxerweise[4] bestätigen die Konflikte, wie hoffnungslos sozial[5] wir sind. (...)
45 Daher beschäftigt sich die Politik damit, bestimmte Konflikte einzudämmen, sie in bestimmte Bahnen zu lenken, ihnen bestimmte Formen zu geben, zu verhindern, dass sie sich ausbreiten, bis sie wie ein Krebs die Gesellschaft zerstören. Wir Menschen sind aggressiv. (...) Daher müssen wir Kunstgriffe erfinden, damit es nicht zum Schlimmsten kommt: Es sind Personen oder Institutionen[6] notwendig, denen alle gehorchen und die
50 in den Streitereien vermitteln, indem sie ihren Schiedsspruch anbieten oder Zwang ausüben.

Fernando Savater

[2] Enzephalogramm: Röntgenbild der Gehirnkammern
[3] konkurrieren: mit anderen in Wettbewerb treten
[4] paradox: widersprüchlich
[5] sozial: aufeinander bezogen
[6] Institution: Einrichtung

Der spanische Philosoph und Schriftsteller **Fernando Savater** wurde 1947 geboren.

Ob es wohl möglich wäre, die hier von Fernando Savater formulierten Gedanken in eine Pantomime zu übersetzen? Wenn sich verschiedene Gruppen an diesen ungewöhnlichen Versuch wagen, könnte man im Anschluss an die Vorführungen die verschiedenen Interpretationen gut miteinander vergleichen.

Wie müssten (maximal) 5 Basis-Regeln für ein friedliches Zusammenleben lauten?
Mit welchen Strafen müssten diejenigen rechnen, die gegen diese Basis-Regeln verstoßen? Diese Aufgabe löst man am besten in verschiedenen Kleingruppen, um auf breiter Grundlage eine abschließende Diskussion im Plenum führen zu können.

Das Problem der Ungleichheit lässt sich auch gut auf die ungleiche Verteilung von Bodenschätzen auf unserer Welt bzw. unterschiedlich entwickelte technische Möglichkeiten zur Hebung dieser Bodenschätze übertragen. Eine Gruppe bekommt eine Kiste mit ungespitzten Bleistiften, die mit einem Schloss versehen ist. Eine andere Gruppe erhält den dazu passenden Schlüssel und einen Bleistiftanspitzer. Beide Gruppen überlegen sich zunächst Taktiken, um ohne große Gegenleistung an die Bodenschätze (Bleistifte) bzw. die Mittel zur Nutzung dieser Bodenschätze (Schlüssel und/oder Bleistiftspitzer) zu kommen. Beide Gruppen können Unterhändler bestimmen, die Vorverhandlungen mit der jeweils anderen Gruppe führen sollen. Falls Gewalt zur Lösung des beiderseitigen Problems erwogen oder eingesetzt werden sollte, müsste das Spiel abgebrochen werden.
Der Verlauf der Verhandlungen wird für eine spätere Nachbesprechung protokolliert.

Das Ultimatum-Spiel

Ein Wohltäter trifft zwei besitzlose Menschen. Einem der beiden überreicht er 100 Euro mit dem Auftrag, sie nach Belieben zwischen sich und dem zweiten Menschen aufzuteilen. Diesem sagt der Wohltäter, dass er zwei Möglichkeiten habe: Erstens, er nehme das Geldangebot des anderen an, oder zweitens, er lehne das Angebot ab. In diesem Fall – so die Spielregel – nehme der Wohltäter die ganzen 100 Euro wieder an sich und keiner von beiden bekomme etwas.

Diese Situation lässt sich gut nachspielen. Der Lehrer ermittelt per Zufall zwei Schülerinnen bzw. Schüler: Eine/r von ihnen bekommt 100 1-Cent-Stücke ausgehändigt, der/die andere spielt die Rolle der-/desjenigen, der das Geldangebot annimmt oder nicht. Der Schüler, der das Geld bekommen hat, verlässt den Raum und überlegt sich, wie viel von den 100 Cent-Stücken er dem anderen anbieten will. Der andere Schüler, dem das Geld angeboten wird, überlegt sich, welche Summe er annehmen und welche er auf jeden Fall ablehnen wird.

Die anderen Schüler schließen in 2-er Teams Wetten darüber ab, welche Summe wohl der Geldgeber anbieten wird und welche Minimal-Summe wohl der Beschenkte akzeptieren wird.

Dann kommt der Geldgeber zurück in die Klasse und macht sein Angebot. Anschließend wird festgehalten, auf welche Anbieter- bzw. Akzeptanz-Summen gewettet wurde.

Geld-Anbieter und Angebot-Akzeptierer sollten sich dann zu ihren Überlegungen äußern und ihre Gründe für Maximal-Angebot bzw. Minimal-Akzeptanz nennen.

Über die Gründe für Angebot und Ablehnung kann abschließend im Plenum mit der Frage diskutiert werden, ob wir eher egoistisch oder fair handeln.

Die Macht der Maras
Bandenterror breitet sich in ganz Amerika aus

Guatemala-Stadt – Die Tätowierungen sind nicht zu übersehen: auf dem linken Handrücken ein Spinnennetz, „M 18" auf dem rechten. Die 26-Jährige versteckt sie nicht, obwohl sie nicht mehr Mitglied der „Mara 18" ist. Miriam stieg aus der kriminellen Jugendbande aus, als diese ihre beiden Brüder umbrachte, wegen Verrats. Dass sie am Leben blieb,

verdankt sie ihrem Sohn. Wegen des Kindes ließen die Mörder gegen sie Gnade vor Bandenrecht walten.

Die junge Frau könnte aus jeder beliebigen zentralamerikanischen Großstadt stammen. Auch aus Ecuador, Peru, Mexiko oder den USA, neuerdings sogar aus Spanien. Die straff organisierten Jugendbanden haben sich auf dem gesamten amerikanischen Kontinent ausgebreitet, beherrschen mit ihren Kriegswaffen Städte und Landstriche, rauben, entführen, foltern, vergewaltigen und morden, handeln mit Drogen, Waffen und Menschen und werden zudem verdächtigt, mit Al-Qaida in Kontakt zu stehen. In der spanischen Hauptstadt registrierte die Polizei in diesem Jahr erstmals Bandenkriege zwischen lateinamerikanischen Einwanderern.

Miriam stammt aus einem Viertel der guatemaltekischen Hauptstadt, die sich mehr als ein Dutzend Maras aufgeteilt haben. Allein in Miriams Stadtteil mit 45 000 Bewohnern wurden im Januar und Februar dieses Jahres 160 Menschen umgebracht, mehr als 100 bewaffnete Raubüberfälle verübt und mindestens 40 Frauen vergewaltigt. Bewaffnete Busüberfälle und Morde mitten in der Innenstadt sind an der Tagesordnung. Händler geben ihre Geschäfte auf und Busfahrer treten in den Ausstand, wenn die Banden ihre Schutzzölle erhöhen. Wer nicht zahlt, wird erschossen. Neuerdings klingeln sie auch gerne abends an der Tür und schauen sich in der Wohnung um. Wenn sie gefällt, bleiben sie – für immer. Die Hausherren dürfen das Notwendigste zusammenpacken, bevor sie auf der Straße landen. Die wenigsten erstatten Anzeige. Sie haben Angst.

Schätzungen zufolge gibt es allein in Honduras, Nicaragua, El Salvador, Panama und Guatemala mehr als eine halbe Million Bandenmitglieder. Sie sind in der Regel zwischen zwölf und 30 Jahre alt, verstehen die Gang als Ersatzfamilie, sprechen in eigenen Codes und identifizieren sich durch Tätowierungen. Auch in den USA sollen 50 000 Mitglieder von Banden leben. Polizei-Experten zufolge sind sie auch dort entstanden, als in den 1970er und 1980er Jahren Tausende Bürgerkriegsflüchtlinge aus Zentralamerika in die Vereinigten Staaten flohen. Zum Schutz vor den bereits existierenden Latino-Gangs, deren

Ursprung bis ins vorletzte Jahrhundert zurückreicht, gründeten sie eigene Banden. Seit aber in Zentralamerika zumindest auf dem Papier Frieden herrscht, schiebt die US-Polizei jeden ab, der auffällig wird. In ihren Heimatländern gründen die Mareros dann neue Gruppen und schaffen so ein internationales Netz: Während die USA aus Angst um die
45 Sicherheit im eigenen Land von der Region eine gemeinsame Strategie im Kampf gegen die Jugendbanden fordert und kürzlich Geld dafür in Aussicht gestellt haben, sehen sich die Präsidenten aus dem armen Hinterhof der Großmacht überfordert. Sie setzen das Thema zwar regelmäßig auf die Tagesordnung ihrer Treffen und vereinbarten kürzlich eine gemeinsame Eingreiftruppe, einen zentralamerikanischen Haftbefehl und schärfere
50 Gesetze. Ihre Mittel sind aber begrenzt, leiden die Länder doch unter einem korrupten Staatsapparat, einer schwachen Justiz und einer wenig effektiven Polizei.
Als in Guatemalas Hauptstadt kurz nach Amtsantritt von Oscar Berger eine übel zugerichtete Leiche mit einer Botschaft an den neuen Präsidenten auftauchte, holte dieser das Militär zu Hilfe: Das allerdings beherrscht auch viele Jahre nach Ende des Bürgerkriegs
55 ohnehin die Strukturen des Landes und wird verdächtigt, die eigentliche Macht hinter illegalen Gruppen und dem organisierten Verbrechen zu sein, die sich der Maras als Drogen- und Waffenhändler bedienen.
Honduras Präsident Ricardo Maduro hat sogar ein persönliches Motiv für hartes Durchgreifen. Sein Sohn wurde 1997 von Mara-Mitgliedern ermordet. Seither gilt dort wie inzwi-
60 schen in allen Nachbarländern null Toleranz. Menschenrechts- und andere Organisationen wie das überregional tätige Straßenkinder-Projekt Casa Alianza kritisieren, dass dabei auch mit schmutzigen Methoden gearbeitet wird. Sogar der jüngste Menschenrechtsbericht der USA spricht von außergerichtlichen Hinrichtungen durch paramilitärische Gruppen, die von der Wirtschaft finanziert werden. Während die offiziel-
65 le Seite dies leugnet, räumte ein Exfunktionär[1] des Sicherheitsministeriums ein: „Es ist einfacher, die Banden zu eliminieren[2] als zu rehabilitieren[3]." Genau das – Vorsorge und Rehabilitation – aber fordern Sozialverbände. Eine Studie der Zentral-amerikanischen Universität in El Salvador kommt auch zu dem Schluss, dass die Gangs Folge der sozialen Ungleichheit in der Region sind.
70 Miriam hat gerade ihr zweites Kind auf die Welt gebracht. Vom Vater fehlt jede Spur, von der zerrütteten Familie kann sie keine Unterstützung erwarten. Immerhin: Mit Hilfe von Casa Alianza holt sie jetzt die Grundschule nach.

[1] Ex-Funktionär: ehemaliger Amtsinhaber
[2] eliminieren: auslöschen
[3] rehabilitieren: wieder eingliedern

Das ‚Mara-Problem' diskutieren Vertreter von vier verschiedenen Gruppen, die vorher über ihre Bedürfnisse und Interessen gesprochen haben: die Maras, die Opfer und die Regierung. Eine weibliche Gruppe vertritt die speziellen Sorgen von Casa Alianza.
Diejenigen, die keiner dieser Gruppen angehören, bilden eine Jury, die anschließend einen Lösungs- oder Vermittlungsvorschlag formuliert.

Auch Freddy soll mithelfen können

Es war vor zwei Jahren, als Heinz Weinhausen „nicht mehr funktionieren wollte". Sein Berufsleben schien in bester Ordnung. Weinhausen arbeitete in einem Kindergarten, „fünf Tage die Woche,
5 öffentlicher Dienst, unkündbar". Doch dann tat er etwas, worüber andere angesichts der Lage auf dem Arbeitsmarkt nur den Kopf schütteln können. Weinhausen kündigte und richtete sich dort ein, wo die „stille Revolution" gelebt wird, wo alles
10 Arbeit ist, und deshalb nichts mehr Arbeit ist.
Der Ort der „stillen Revolution" befindet sich nicht in einem fernen unbekannten Land, sondern im Kölner Stadtteil Mülheim. Hier liegt viel Industriegelände brach und die Arbeitslosenquote bei 14 Prozent. Weinhausens Dorado[1] verbirgt sich hinter den Backsteinmauern einer einstigen Spirituosenfabrik. Hier tüftelt er jeden Morgen mit seinen 20
15 Mitstreitern an einer Alternative zur kriselnden Erwerbsgesellschaft, und die heißt „Sozialistische Selbsthilfe Mülheim" (SSM). (...) Auf dem Areal[2], das die SSM 1979 besetzte, arbeiten und wohnen geistig Behinderte, ehemals Obdachlose und Ausgegrenzte mit jenen zusammen, die sich von den starren Regeln der Gesellschaft behindert fühlen. Sie verbindet ihre gemeinsame Aversion[3] gegen eine Wirtschaftsordnung, die sich, wie sie
20 meinen, durch Konkurrenz, Konsum und Gehalt definiert.
Ihren Lebensentwurf nennen sie „gelebte Utopie[4]", aber auch die muss organisiert werden. Erste Regel ist die allmorgendliche „Abgabe der Arbeitsberichte", zu der Sven auffordert. Sven ist heute eine Art Ansprechpartner und Koordinator[5] und heißt deswegen „die Verantwortung". Diese Position wird jeden Tag von der Runde neu bestimmt. Sven
25 notiert die tägliche Arbeitsaufteilung, auf die sich die Anwesenden verständigen, die an einem großen Tisch unter einer vergilbten Friedenstaube sitzen.
(...) Bei der SSM gilt alles als gleichwertige Arbeit: das Hof-Fegen genauso wie die Kinderbetreuung, das Entrümpeln ebenso wie die politische Mitarbeit in Foren[6] zur Stadtteilentwicklung. „Dadurch kann sich jeder einbringen", meint Weinhausen. Allerdings:
30 Ohne Kapital kann auch die SSM nicht wirtschaften. Ihr Geld verdient die Gruppe mit Umzügen und dem Entrümpeln von Wohnungen. Noch Brauchbares wird selbst verwendet oder im hauseigenen Möbel- und Kleiderladen verkauft. Mit einem kleinen Unterschied: Wenn die SSM mit ihrem Transporter ausrückt, folgt sie ihrem eigenen Takt „und nicht den Marktgesetzen von Leistungs- und Zeitdruck", so Weinhausen. Auch der geis-

---

[1] Dorado: Anspielung auf Eldorado = das vergoldete Land
[2] Areal: Gelände
[3] Aversion: Abneigung
[4] Utopie: Traum
[5] Koordinator: Vermittler
[6] Forum: Arbeitskreis

35 tig behinderte Freddy soll mithelfen können. Das Credo[7] lautet: Gerade Schwächere sollen Selbstständigkeit lernen.

Keiner der Mitglieder bezieht Sozial- oder Arbeitslosenhilfe, was der Stadtkasse laut SSM jährlich 100000 Euro an Sozialleistungen erspart. Das selbst bestimmte Wirtschaften bedeutet ein Leben mit minimalen[8] Mitteln. Aus der gemeinsamen Kasse, in die alle Erträ-
40 ge fließen, bekommt jeder zweimal wöchentlich das gleiche Geld. Doch nicht alles wird bei der SSM geteilt. Jeder hat Anspruch auf eigenen Wohnraum.

(...) In Mülheim [lebt man] nach dem Wirtschaftsmodell des amerikanischen Soziologen Frithjof Bergmann (...). Praktisch sieht das so aus: „Ein Drittel unserer Arbeit leisten wir durch Entrümpelung und Möbelladen am Markt, ein Drittel unserer Bedürfnisse decken
45 wir je nach Fähigkeit durch gegenseitige Hilfe ab und das anderer Drittel der Zeit wenden wir für das auf, was wir wirklich tun wollen." (...) Aus Parteien und Kirchen fand die SSM immer wieder Fürsprecher. Das Düsseldorfer Sozialministerium zeichnete die Initiative sogar wegen ihres sozialen Engagements als „Zukunftsprojekt" aus. (...)

[7] Credo: Glaubensbekenntnis
[8] minimal: geringst möglich

1. Wie könnte ein Werbeplakat für die SSM in Köln-Mülheim aussehen?
2. Gibt es gute Gründe gegen die Idee des amerikanischen Gesellschaftswissenschaftlers F. Bergmann, seine Lebenszeit einzuteilen?
3. Käme eine Mitarbeit in der SSM in Köln-Mülheim für einen selbst in Betracht?

Wenn die Welt ein Dorf mit nur 1001 Einwohnern wäre ...

Wenn unsere Welt mit über 6 Milliarden Menschen ein einfaches Dorf mit nur 1001 Menschen wäre, wären davon:

• 584 Asiaten, 124 Afrikaner, 95 Europäer, 84 Lateinamerikaner, 55 aus der früheren Sowjetunion, mit Russland, Weißrussland, Litauen, Lettland, ..., 52 Nordamerikaner, 6 Australier und Neuseeländer.

Sprachen

• Die Bewohner hätten große Schwierigkeiten miteinander zu kommunizieren, weil sie viele unterschiedliche Sprachen sprechen: 165 sprechen Chinesisch und Mandarin, 86 sprechen englisch, 83 sprechen Hindu und Urdu, 64 sprechen Spanisch, 58 sprechen Russisch, 37 sprechen Arabisch.

• Doch diese Sprachen deckten nur die Hälfte der Einwohner ab, die andere Hälfte spricht folgende Sprachen (in der Reihenfolge der Häufigkeit): Bengali, Portugiesisch, Indonesisch, Japanisch, Deutsch, Französisch und über 200 weitere Sprachen.

Religionen

• In diesem Dorf wären 329 Christen, unter ihnen 187 Katholiken, 84 Protestanten, 31 Orthodoxe, 178 Muslime, 167 Atheisten, 132 Hindus, 60 Buddhisten, 45 Vertreter von Naturreligionen und Animisten[1], 3 Juden, 86 gehören anderen Religionen an.

Alter

• Ein gutes Drittel, nämlich 360 der Menschen in unserem Dorf sind Kinder. Nur die Hälfte dieser Kinder sind gegen heimtückische Infektions-Krankheiten wie Masern oder Kinderlähmung geimpft.

60 der 1001 Dorf-Bewohner wären über 65 Jahre alt, 10 über 80 Jahre.

• Im Durchschnitt werden pro Monat 3 Babys geboren und 1 Person stirbt. Die Lebenserwartung liegt bei 63 Jahren.

• 390 der Menschen sind unter 20 Jahre alt, 420 zwischen 20 und 50 Jahren.

Frauen, Männer, Flüchtlinge

• 520 Menschen im Dorf sind Frauen, 480 sind Männer.

• Nicht einmal die Hälfte der verheirateten Frauen hat Zugang zu modernen Verhütungsmitteln oder verwendet diese.

---

[1] Animist: Ein Animist, glaubt, dass alles um uns herum beseelt ist.

- In dem Dorf befinden sich auch 3 Flüchtlinge, die durch Krieg oder Dürre aus ihrer Heimat vertrieben wurden.

Kinder

- Es leben 360 Kinder im Dorf.
- 90 Kinder wachsen in totaler Armut auf. 30 sterben wegen Unterernährung und leicht zu behandelnden Krankheiten, bevor sie fünf Jahre alt werden.
- 75 Kinder müssen täglich schwer arbeiten, um die Einnahmen der Familie zu steigern und das Überleben zu sichern.

Krankheiten

- Jedes Jahr werden 31 Babys geboren. Jedes Jahr sterben 10 Menschen, drei davon wegen Unterernährung, einer durch Krebs.
- 2 von 10 Todesfällen pro Jahr betreffen die Neugeborenen des Jahres, die im selben Jahr sterben.
- Eine Person im Dorf wäre HIV-infiziert.
- Ein Drittel, also 330 Dorf-Bewohner, haben keinen Zugang zu sauberem Trinkwasser. 600 können hygienische sanitäre Anlagen wie Dusche, Toilette und Badewanne benutzen, der Rest hat keinen Zugang zu solchen Anlagen.

Nahrung

- Im Dorf gibt es 1890 Hühner, 310 Schafe und Ziegen, 230 Rinder, 150 Schweine und dennoch: Über 600 Menschen leiden ständig unter Hunger, davon sind 260 ernstlich unterernährt, 160 leiden zeitweise an Hunger. Nur 240 haben immer genug zu essen.

Zukunft

- Mit den 31 Geburten und den 10 Todesfällen beträgt die Population des Dorfes im kommenden Jahr bereits 1021 Personen.
- In 66 Monaten leben dann schon 1100 Menschen in unserem Dorf.
- Vom Jahr 2000 an gerechnet würden im Jahr 2050 bereits über 2000 Menschen im Dorf leben – die Zahl hätte sich also mehr als verdoppelt.

Besitztum

- In dem Dorf würden 200 Menschen genau 75 Prozent des Gesamtgeldes verdienen. 200 weitere Menschen teilen sich nur 2 Prozent der Gesamteinnahmen.
- Nur 70 Menschen besitzen ein eigenes Auto (und manche von ihnen mehr als eines).
- Wenn alles Geld gleich verteilt wäre, hätte jeder ungefähr 6500 Euro jährlich.
- Die reichsten 200 haben mehr als 10 000 Euro pro Jahr, die ärmsten 200 weniger als 1,50 Euro am Tag (= 549 Euro pro Jahr).

Technische Versorgung

- Von den Menschen im Dorf hätten 760 Strom, genau 240 ein eigenes Radio, könnten 240 einen Fernseher ihr Eigentum nennen, würden 140 ein Telefon besitzen und 70 könnten auf einen Computer zurückgreifen.

Bildung

- Von den 640 Erwachsenen in diesem Dorf wären die Hälfte Analphabeten und könnte weder lesen noch schreiben.
- Im Dorf befänden sich 380 Kinder und Jugendliche im schulfähigen Alter, zwischen 5 und 24 Jahren, davon gehen 310 zur Schule, 70 jedoch aufgrund ihres sozialen Umfeldes nicht.

Landwirtschaft und Umwelt

• Das Dorf verfügt über sechs Morgen [älteres deutsches Feldmaß, entspricht etwa 30 Ar, 1 a = 100 m²] Land pro Person, was insgesamt einer Fläche von 6000 Morgen entspricht. Diese Fläche ist wie folgt aufgeteilt: 700 Morgen werden für die Ernte verwendet, 1400 Morgen werden als Weideland genutzt, 1900 Morgen weisen Waldbestand auf, 2000 Morgen bestehen aus Wüste, Tundra, Asphalt und weiterem ungenutztem Land.

Der **Waldbestand** verringert sich drastisch, das Ödland vergrößert sich im gleichen Maße, die anderen Landkategorien halten ungefähr ihre Größenordnung.

Das Dorf verwendet 83 Prozent des zur Verfügung stehenden Düngers für 40 Prozent der Erntefläche, die sich im Besitz der 270 wohlhabendsten Bewohner befindet. Diese Gruppe verfügt außerdem über die beste Ernährung. Überschüssiger Dünger von diesem Land ist die Ursache für **Verschmutzungen** von Seen und Brunnen. Die verbleibenden 60 Prozent des Landes erzeugen unter Verwendung von 17 Prozent des Düngers genau 28 Prozent des Getreides, welches der Ernährung zugrunde liegt. Von diesen 28 Prozent ernähren sich 73 Prozent der Bewohner. Die durchschnittliche Getreideausbeute auf diesem Land entspricht einem Drittel der Ernte, die von den wohlhabenderen Dorfbewohnern erzielt wird.

Berufe

• Wenn die Welt ein Dorf mit 1001 Einwohnern wäre, gäbe es fünf Soldaten, sieben Lehrer, aber nur einen Doktor. Die jährlichen Aufwendungen dieses Dorfes von gut drei Millionen Euro pro Jahr würden sich wie folgt verteilen: 181 000 Euro fur Waffen und Kriegsgerät, 159 000 Euro für Bildung und Schulwesen, 132 000 Euro für Gesundheit und gesundheitliche Vorsorgemaßnahmen.

Waffen

• Im Dorf befindet sich genügend Sprengmaterial in Form von **Nuklearwaffen,** um es mehrfach in Schutt und Asche zu legen. Diese Waffen werden von lediglich 100 Bewohnern kontrolliert. Die anderen 900 Bewohner beobachten sie mit großer Sorge und fragen sich, ob diese Gruppe es lernen kann, miteinander auszukommen. Sie fragen sich, ob diese 100 Bewohner, falls sie miteinander auskommen, die Waffen nicht trotzdem durch Unachtsamkeit auslösen. Und sie fragen sich, wohin die Gruppe das radioaktive Material, aus dem die Waffen hergestellt sind, schaffen wird, falls sich die Gruppe jemals dazu entschließen sollte, die Waffen abzubauen.

So lebt es sich in unserem kleinen Dorf mit den 1000 Einwohnern. Aber einen Einwohner des Dorfes haben wir aus den Augen verloren: Sie.

Als 1001. Bewohner des Dorfes können Sie einen großen Unterschied für die Lebensbedingungen in ihrem Dorf schaffen.

Bedenken Sie, wenn Sie heute morgen gesund und nicht krank aufgewacht sind, sind Sie glücklicher als eine Million Menschen, welche die kommende Woche nicht erleben werden.

Wenn Sie nie einen Krieg erlebt haben, oder die Einsamkeit der Gefangenschaft oder gar Hunger gespürt haben, sind Sie glücklicher als fast 4 Milliarden Menschen der Welt und somit mehr als 740 Menschen im Dorf.

Falls Sie zur Kirche gehen können, ohne die Angst, dass Ihnen gedroht wird, dass man Sie verhaftet oder umbringt, sind Sie glücklicher als 3 Milliarden Menschen der Welt und somit als über 500 Personen im Dorf.

Falls sich in Ihrem Kühlschrank etwas zu essen befindet, Sie angezogen sind, ein festes Dach über dem Kopf haben und ein eigenes Bett, gehören Sie zu den reichen 25 Prozent der Welt und stehen besser da als 750 Einwohner unseres Dorfes.

Haben Sie ein Konto bei der Bank, Geld in ihrer Brieftasche, dann zählen Sie zu den 8 Prozent der am wohlhabendsten Menschen der Welt.

Kann ein einzelner Mensch eine Veränderung bringen?

Ja, denn wenn nur 99,9 Prozent anstelle von 100 Prozent erreicht werden, dann
- gingen jede Stunde über 1700 Postsendungen verloren
- würden in Krankenhäusern pro Woche über 500 Operationen misslingen
- hätte jedes Auto, das fabrikneu vom Band rollt, genau 74 Fehler
- würden über 20000 Schecks von falschen Konten abgebucht oder auf falschen Konten gutgeschrieben werden

Donella Meadows

Bevor man sich an die Arbeit macht, auf der Grundlage von Donella Meadows zusammengestellten Informationen selbst einen idealen Kleinstaat für 1001 Welt-Bürger zu erfinden, sollte man die thematisch geordneten Daten zunächst einmal arbeitsteilig in übersichtliche Schaubilder/Grafiken umwandeln und sie im Arbeitsraum aufhängen.

Planer eines idealen, kleinen Welt-Staats in der Größe eines Dorfes mit 1001 Einwohnern müssen sich mit ganz verschiedenen Fragen beschäftigen:

Wer soll regieren?

Wie wird eine Regierung gewählt?

Wie und wo soll das Dorf gebaut werden?

Wie sieht das Bildungswesen aus?

Welche Art von Verkehrsmitteln soll es geben?

Was geschieht mit dem Abfall? usw.

Natürlich ist es auch möglich, zu einigen der angesprochenen Probleme Modelle zu bauen, Zeichnungen anzufertigen usw.

Zehn Gesetze der nationalsozialistischen Erziehung (vom 9. 9. 1937)

1. Deutscher Student, es ist nicht nötig, dass Du lebst, wohl aber, dass Du Deine Pflicht gegenüber Deinem Volk erfüllst! Was Du bist, werde als Deutscher!

2. Oberstes Gesetz und höchste Würde ist dem deutschen Mann die Ehre. Verletzte Ehre kann nur mit Blut gesühnt werden. Deine Ehre ist die Treue zu Deinem Volk und zu Dir selbst.

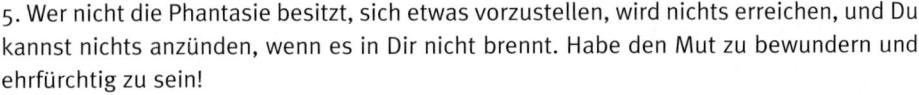

3. Deutscher sein, heißt Charakter haben. Du bist berufen, die Freiheit des deutschen Geistes zu erkämpfen. Suche die Wahrheiten, die in Deinem Volk beschlossen liegen!

4. Zügellosigkeit und Ungebundenheit sind keine Freiheit. Es liegt im Dienen mehr Freiheit als im eigenen Befehl. Von Deinem Glauben, Deiner Begeisterung und Deinem kämpferischen Willen hängt die Zukunft Deutschlands ab.

5. Wer nicht die Phantasie besitzt, sich etwas vorzustellen, wird nichts erreichen, und Du kannst nichts anzünden, wenn es in Dir nicht brennt. Habe den Mut zu bewundern und ehrfürchtig zu sein!

6. Zum Nationalsozialisten wird man geboren, noch mehr wird man dazu erzogen, am meisten erzieht man sich selbst dazu.

7. Wenn etwas ist, gewaltiger als das Schicksal, dann ist es Dein Mut, der es unerschüttert trägt. Was Dich nicht umbringt, macht Dich nur stärker. Gelobet sei, was hart macht!

8. Lerne in einer Ordnung zu leben! Zucht und Disziplin sind die unerlässlichen Grundlagen jeder Gemeinschaft und der Anfang jeder Erziehung.

9. Als Führer sei hart in Deiner eigenen Pflichterfüllung, entschlossen in der Vertretung des Notwendigen, hilfreich und gut, nie kleinlich in der Beurteilung menschlicher Schwächen, groß im Erkennen der Lebensbedürfnisse anderer und bescheiden in Deinen eigenen.

10. Sei Kamerad! Sei ritterlich und bescheiden! In Deinem persönlichen Leben sei Vorbild! An Deinem Umgang mit Menschen erkennt man das Maß Deiner sittlichen Reife. Sei eins im Denken und Handeln! Lebe dem Führer nach.

Der Diktator Adolf Hitler, der zwischen 1933 und 1945 in Deutschland regierte, wollte die Deutschen nach dem Motto: „Ein Volk, ein Reich, ein Führer!" im Denken und Handeln gleichschalten – notfalls mit Gewalt.
In einer ersten Stellungnahme sind auf einer Kopie alle die Forderungen der nationalsozialistischen Erziehung durchzustreichen, die fragwürdig oder bedenklich erscheinen. Was bleibt dann noch übrig von den Idealen des NS-Staates?

Nach welchen Idealen werden heute in der Bundesrepublik Deutschland die Kinder in den Schulen erzogen?

Es ist normal, verschieden zu sein

1. Menschenwürde

1.1 Menschliches Leben entsteht mit der Verschmelzung von Ei- und Samenzelle.

1.2 Alle Menschen sind gleichwertig. Für behindertes und nicht behindertes menschliches Leben gilt der gleiche Lebensschutz.

1.3 Jeder Mensch ist Person und als solche einzigartig und unverwechselbar. Der Entwicklungsstand einer Persönlichkeit kann nicht als Kriterium für Menschsein herangezogen werden.

1.4 Die Einzigartigkeit menschlichen Lebens verbietet es, Würde und Wert von Menschsein durch den Vergleich mit anderen Lebewesen, ihren Lebensformen und -interessen in Frage zu stellen.

2. Lebensrecht

2.1 Das Recht auf Leben ist ein hohes Gut. Behinderung legitimiert nicht die Einschränkung des Rechts auf Leben.

2.2 Die Grundrechte unserer Verfassung gelten uneingeschränkt für alle Menschen. Für Menschen mit einer Behinderung darf es keinerlei diskriminierende Sonderregelungen geben. Dies gilt für die Phase vor und nach der Geburt. Dies folgt auch aus Artikel 3 Absatz 3 des Grundgesetzes.

2.3 Forschungs- und Wissenschaftsinteressen dürfen grundrechtliche Standards nicht unterlaufen. Das Recht auf Selbstbestimmung ist zu achten. Menschliches Leben, auch vorgeburtliches Leben, darf nicht geopfert werden.

2.4 Allen Abgrenzungsversuchen über Lebenswert und Lebensrecht ist eine entschiedene Absage zu erteilen. Zweckmäßigkeitserwägungen müssen ausgeklammert bleiben. Auch schwerstgeschädigte Neugeborene dürfen nicht getötet oder dem Sterben überlassen werden.

2.5 Jede Legalisierung aktiver Sterbehilfe ist unstatthaft, weil hierdurch einer Differenzierung[1] zwischen lebenswertem und lebensunwertem Leben Vorschub geleistet wird.

3. Behinderung

3.1 Es ist normal, verschieden zu sein. Behinderung ist nur eine unter vielen möglichen Daseinsformen eines Menschen. Behinderung allein prägt nicht das Wesen eines Menschen. Menschen mit einer Behinderung können ebenso sinnerfüllt und glücklich leben wie es nicht behinderte Menschen können.

3.2 Behinderung ist keine Krankheit.

4. Gesellschaftliches Handeln

4.1 Die naturwissenschaftliche Machbarkeit darf nicht zu einer Uniformität führen und der Vielfalt des Menschen entgegenstehen. Es gilt, dem Streben nach dem ‚perfekten Menschen' zu widerstehen.

4.2 Glück- und Leiderfahrungen gehören zum menschlichen Leben. Sie sind individuell und subjektiv und sie hängen nicht ab von einer Behinderung.

4.3 Dramatische Einzelschicksale dürfen nicht zur Außerkraftsetzung allgemein gültiger Wertansätze missbraucht werden.

4.4 Die Gesellschaft ist unteilbar: Für alle Menschen sind gleichwertige Lebensbedingungen, Unterstützung und Hilfen zu schaffen. Kosten-Nutzen-Kriterien dürfen bei Entscheidungen über behindertes Leben keine Rolle spielen. Angebote im medizinischen, juristischen oder pädagogischen Bereich müssen bedürfnisadäquat[2] bereitgestellt werden.

Grundsätze der www.lebenshilfe.de

[1] Differenzierung: Unterscheidung
[2] adäquat: entsprechend

Ist es richtig und wichtig, dass die ‚Lebenshilfe' diese Grundsätze formuliert hat und in der Öffentlichkeit vertritt? Welcher dieser Grundsätze hat eine besonders große Bedeutung für Behinderte und Nichtbehinderte?

Welcher Grundsatz wäre für ein Werbeplakat für die Lebenshilfe auszuwählen? Sollte man das Foto eines behinderten Menschen darauf zeigen?

Ist es in Ordnung, dass man in den ersten Schwangerschaftsmonaten ein behindertes Kind abtreiben lassen darf?
Angenommen, man hätte eine eigene Firma: Würden bei Neueinstellungen dort auch Behinderte berücksichtigt?

6 | Roboter träumen nicht

Track 7: ANDINOS „Bömmel-Trick" lässt uns auf der einen Seite das geheimnisvolle Wunder der Technik erleben und zeigt uns auf der anderen Seite, wie hilflos wir ihr oft gegenüberstehen, wenn sie nicht mehr funktioniert. Was machen wir zum Beispiel, wenn plötzlich das Bild auf dem Monitor unseres Computerbildschirms verschwindet?

Der Düsseldorfer Maler Konrad Klapheck hat sein Maschinenbild „Bestimmung" genannt. Ein stummes Schreibgespräch teilt am besten mit, welche Gedanken und Gefühle dieses Bild beim Betrachter auslöst.

Eine Maschine

Eine Maschine, die wie eine Guillotine ist, schneidet von einer sich langsam fortbewegenden Gummimasse große Stücke ab und lässt sie auf ein Fließband fallen, das sich einen Stock tiefer fortbewegt und an welchem Hilfsarbeiterinnen sitzen, die die abgeschnittenen Stücke zu kontrollieren und schließlich in große Kartons zu verpacken haben. Die
5 Maschine ist erst neun Wochen in Betrieb, und den Tag, an welchem sie der Fabrikleitung übergeben wurde, wird niemand, der bei dieser Feierlichkeit anwesend war, vergessen. Sie war auf einem eigens für sie konstruierten Eisenbahnwaggon in die Fabrik geschafft worden, und die Festredner betonten, dass diese Maschine eine der größten Errungenschaften der Technik darstelle. Sie wurde bei ihrem Eintreffen in der Fabrik von einer
10 Musikkapelle begrüßt, und die Arbeiter und die Ingenieure empfingen sie mit abgenommenen Hüten. Ihre Montage dauerte vierzehn Tage, und die Besitzer konnten sich von ihrer Arbeitsleistung und Zuverlässigkeit überzeugen. Sie muss nur regelmäßig, und zwar alle vierzehn Tage, mit besonderen Ölen geschmiert werden. Zu diesem Zweck muss eine Arbeiterin eine Stahlwendeltreppe erklettern und das Öl durch ein Ventil langsam einflie-
15 ßen lassen. Der Arbeiterin wird alles bis ins Kleinste erklärt. Trotzdem rutscht das Mädchen so unglücklich aus, dass es geköpft wird. Sein Kopf platzt wie die Gummistücke hinunter. Die Arbeiterinnen, die am Fließband sitzen, sind so entsetzt, dass keine von ihnen schreien kann. Sie behandeln den Mädchenkopf gewohnheitsmäßig wie die Gummistücke. Die letzte nimmt den Kopf und verpackt ihn in einen Karton.

Thomas Bernhard (* 9. Februar 1931 in Heerlen, Niederlande; † 12. Februar 1989 in Gmunden, Österreich) war ein österreichischer Schriftsteller. Er zählt zu den bedeutendsten deutschsprachigen Schriftstellern der zweiten Hälfte des 20. Jahrhunderts.

Diese kurze Geschichte von Thomas Bernhard soll den Leser nachdenklich machen, vor allem der vorletzte Satz. Wie hat die Maschine wohl das Fühlen und Denken der Arbeiterinnen verändert? Wer ist für wen da: Der Mensch für die Maschine? Oder die Maschine für den Menschen?

Mensch oder Maschine?

(...) Die Maschine erlebt nichts, sie hat keine Angst und keine Hoffnung, die nur stören, keine Wünsche in Bezug auf das Ergebnis, sie arbeitet nach der reinen Logik der Wahrscheinlichkeit, darum behaupte ich: Der Roboter erkennt genauer als der Mensch, er weiß mehr von der Zukunft als wir, denn er errechnet sie, er spekuliert[1] nicht und träumt nicht, sondern wird von seinen eigenen Ergebnissen gesteuert (feed back[2]) und kann sich nicht irren; der Roboter braucht keine Ahnungen – (...)

Max Frisch

[1] spekulieren: überlegen, nachdenken
[2] feed back: Rückmeldung

Max Frisch (1911–1991), Schweizer Architekt und bedeutender deutschsprachiger Schriftsteller.

Das Foto und der kurze Ausschnitt aus dem Roman ‚Homo faber'[1] von Max Frisch geben Anlass für eine Diskussion zu dem Thema: „Ist die Maschine besser als der Mensch?" Die Pro- und Kontra-Seiten sollten sich gut darauf vorbereiten und möglichst viele Argumente für ihre Position sammeln.
Eine Jury-Gruppe könnte abschließend Punkte für die vorgetragenen Argumente verteilen.

[1] Der Homo faber = der Werkzeug herstellende Mensch

„Wir sind die Androiden[1]"

*Wir sind die
Androiden
Jaquet Droz*

Schreiber-Automat von Pierre Jaquet-Droz, 1760

[1] Android: (griechisch) menschenähnlicher Mann, die Bezeichnung für menschenähnliche Frauen ist Gynoid.

Lange bevor es den berühmten Androiden DATA in der Star-Treck-Folge 9 gab, hat ein Franzose im Jahre 1760 einen Schreibautomaten erfunden, der rein mechanisch den Satz schreiben konnte: „Wir sind die Androiden". Schon viele Jahre zuvor hatte der Arzt und Philosoph Julien Offray de La Mettrie (1709–1751) behauptet: „Der Mensch ist eine Maschine." Aber wer ist nun was? Der Mensch eine Maschine oder bestimmte Maschinen menschenähnliche Wesen? Um diese Frage überzeugend beantworten zu können, empfiehlt es sich, zunächst in kleinen Arbeitsgruppen möglichst viele Merkmale von Maschinen sammeln.

Mensch = Maschine?

Zufällige Beobachter dieser Szene stimmten in der Behauptung überein, es handele sich bei dem Herrn mit hellem Hut keinesfalls um
einen gewissen Harry Laubenheim.

Loriot

Wenn es tatsächlich, wie Loriot hier in seinem Cartoon zeigt, Automaten-
‚Menschen' geben könnte, die Automaten verkaufen, was unterscheidet uns
dann noch von Maschinen? Bevor man über diese Frage in eine allgemei-
ne Diskussion eintritt, sollte zuvor jeder für sich die Frage beantworten:
„Was wäre, wenn ich eine Maschine wäre?"

„Eine Maschine aus Fleisch"

(...) „Charlie, ich habe ein Problem."

„Ist das was Neues?"

„Genau genommen zwei. Ers-
5 tens muss ich was wegen meines Herzens unternehmen. Ich
kann nicht einfach alles so
schleifen lassen und darauf warten, dass ich meinen zweiten HI
10 kriege."

„Ich kann dir nicht ganz folgen,
Champ."

„Du weißt schon, Herzinfarkt. Ich

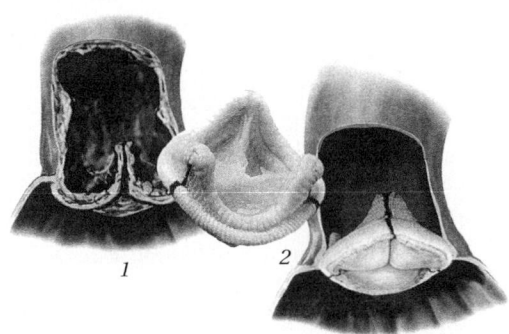

1: verkalkte Herzklappen – 2: Schweineherzklappe

kann von Glück sagen, dass ich beim ersten so glimpflich davongekommen bin. Die Ärzte
15 sagen, ich soll mich am offenen Herzen operieren lassen, ich brauche mehrere Bypässe."

„Ran an den Speck."

„Natürlich. Du hast gut reden. Menschen sterben bei so was. Du hast ja auch noch nie so
eine Operation aushalten müssen."

„Doch, hab ich. Im Dezember'87, du warst in Florida. Sie haben zwei Klappen ersetzt. Die
20 Aortenklappe und die Mitralklappe. Wenn man als Kind Gelenkrheumatismus gehabt hat,
sind's die Klappen, die kaputtgehen. Sie schließen nicht mehr richtig. Davon kommen die
Herzgeräusche. Das Blut fließt in die falsche Richtung."

Rabbit hält die Vorstellung kaum aus, diese Details in seinem Innern, Klappen, Schlupf-
verluste, Ablagerungen im Rohrsystem. „Wodurch haben sie sie ersetzt?"

25 „Durch Schweineherzklappen. Es gibt nur die oder mechanische Klappen, aber die
mechanischen klicken die ganze Zeit. Ich wollte nach Möglichkeit nicht klicken. Angeblich hindert es einen auch am Einschlafen."

„Schweineklappen." Rabbit versucht, seinen Ekel zu verbergen. „War es schlimm? Haben
sie deine Brust aufgeknackt und dein Blut durch eine Maschine laufen lassen?"

30 „Ein Klacks. Du bist doch ohne Bewusstsein. Was hast du denn dagegen, dass dein Blut
durch eine Maschine läuft? Was denkst du denn, dass du bist, Champ?"

Ein von Gott geschaffenes einmaliges Wesen, dem eine unsterbliche Seele eingehaucht
ist. Ein Gefäß der Gnade. Ein Schlachtfeld für Gut und Böse. Ein angehender Engel. All
das, was sie einem in der Sonntagsschule beizubringen versucht haben, aber sie haben's
35 eben nicht ernsthaft genug versucht, sie haben's einem nur so zuwehen lassen aus den
frommen Heftchen, damals in jenem Kirchen-Souterrain, das tiefer und fester in ihn ein-
gelassen ist als ein Luftschutzbunker.

„Du bist nichts weiter als eine Maschine aus Fleisch" (...)

John Updike

John Updike (geb. 18. 3. 1932), US-amerikanischer Schriftsteller

Mit ELIZA und ROBOR sprechen

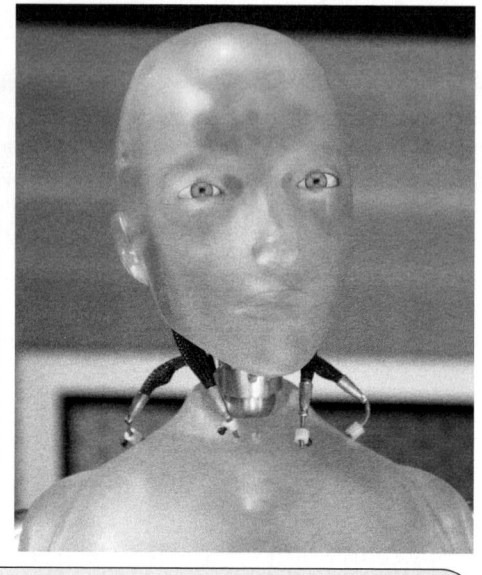

Im Internet kann man – wie mit einem Menschen – ein Gespräch mit einem Computerprogramm führen. Das weibliche Gegenüber mit künstlicher Intelligenz heißt ELIZA, wurde 1996 erfunden und ist schnell über eine Suchmaschine wie Google zu finden, ROBOR erreicht man unter www.robor.de.

Bereits 1950 hat der amerikanische Wissenschaftler Alan Turing einen Test vorgeschlagen, die Frage: „Können Maschinen denken?" wirklich entscheiden zu können: Ein Mensch führt mit zwei ihm unbekannten Gesprächspartnern einen Chat. Der eine davon ist ein Mensch, der andere eine Maschine. Beide versuchen den Fragesteller davon zu überzeugen, dass sie denkende Menschen sind. Falls dieser am Ende des Gesprächs nicht klar sagen kann, welcher der beiden Gesprächspartner die Maschine ist, hätte die Maschine den Turing-Test bestanden. Bis heute ist das noch keinem Computerprogramm gelungen.

Ob ELIZA und ROBOR dafür gute Voraussetzungen hätten, kann man leicht selbst überprüfen. Man sollte sich allerdings vorher ein paar intelligente Fragen überlegen, die nach unserer Meinung nur ein Mensch wirklich beantworten kann. Und sicherlich wäre es auch gewinnbringend, die mit ROBOR und ELIZA geführten Gespräche zu protokollieren, um sie später im Plenum gemeinsam auswerten zu können.

Vorschlag für ein Schreibgespräch: Zunächst werden Gruppen zu je vier Schüler/innen gebildet, anschließend schreibt jeder auf, was ihm spontan zu dieser Zeichnung einfällt. Die aufgeschriebenen Gedanken werden in die Tischmitte gelegt. Wer möchte, kann sich dazu äußern, und die Erstschreiber können dann auf die Kommentare schriftlich antworten.

Anschließend unterhält sich die Schreibgruppe über die unterschiedlich geäußerten Ansichten und bündelt diese zu Thesen, die dann im Plenum vorgestellt werden.

Die Geschichte von den Flöhen

Es war einmal ein Mann, der hatte einen Hund. Der Hund hatte Flöhe. Die Flöhe verbreiteten sich im ganzen Haus. Der Mann musste also etwas dagegen unternehmen. Zunächst versuchte er, sie einzeln mit einer Fliegenklatsche zu erledigen. Das erwies sich als ausgesprochen unwirksame Methode. Dann versuchte er es mit einer Flohklatsche – ebenfalls ohne nennenswerten Erfolg. Da kam ihm plötzlich der Gedanke. „Es gibt doch auch noch die Wissenschaft! Wissenschaft hat Erfolg! Mit moderner amerikanischer Ausrüstung müsste es gehen!" Er besorgte sich eine Dose mit Giftspray – „Garantiert tödlich bei allen Arten von Flöhen" – und versprühte es reichlich im ganzen Haus. Und selbstverständlich waren nach drei Tagen alle Flöhe tot. Freudig rief er: „Dies Flohspray ist wunderbar! Dies Flohspray wirkt enorm!"
Aber der Mann lag völlig schief. In Wirklichkeit war das Flohspray völlig unwirksam. Tatsächlich war folgendes geschehen: Obwohl das Spray selbst völlig wirkungslos war, roch es äußerst stark. Deshalb musste der Mann alle Fenster und Türen öffnen, um zu lüften. Infolge der Zugluft erkälteten sich die armen Flöhe und starben.

Raymond M. Smullyan

Raymond M. Smullyan (geb. 1919), US-amerikanischer Mathematiker, Philosoph und Zauberer.

Wer etwas wissenschaftlich erklären will, muss genau und überprüfbar angeben können, welche Ursache welche Wirkung hat und umgekehrt. Was macht die Geschichte von Smullyan bezüglich dieser Anforderung an wissenschaftliches Denken deutlich? Könnte einem etwas Ähnliches wie dem Mann mit den Flöhen passieren? Mehr über immer wieder behauptete Irrtümer erfährt man bei: www.ammenmaerchen.de.

Semmelweis bekämpft das Kindbettfieber

(...) Ignaz Semmelweis, ein ungarischer Arzt, arbeitete von 1844 bis 1848 am Wiener Allgemeinen Krankenhaus. Als Mitglied des ärztlichen Kollegiums der Ersten Geburtshilflichen Abteilung dieses Krankenhauses war Semmelweis besorgt darüber, dass ein großer Teil der Frauen, die in dieser Abteilung entbunden wurden, sich eine ernste und oft töd-
5 liche Krankheit zuzogen, die als Puerperal- oder Kindbettfieber bekannt war. 1844 starben nicht weniger als 260 von 3157 Müttern der Ersten Abteilung (8,2 Prozent) an dem Leiden; 1845 betrug die Todesrate 6,8 und 1846 waren es 11,4 Prozent. Diese Zahlen waren um so alarmierender als in der benachbarten Zweiten Geburtshilflichen Abteilung des gleichen Krankenhauses, die fast genauso viele Frauen versorgte, die Todesrate durch
10 Kindbettfieber in denselben Jahren viel niedriger lag: 2,3; 2,0 und 2,7 Prozent. In einem Buch, das er später über Ursache und Verhütung von Kindbettfieber schrieb, schildert Semmelweis seine Bemühungen, das schreckliche Rätsel zu lösen.
Zunächst untersuchte er verschiedene Erklärungen, die zu jener Zeit gängig waren; einige davon wies er sofort als unvereinbar mit außer Frage stehenden Tatsachen zurück;
15 andere unterwarf er spezifischen Tests.
Eine weithin akzeptierte Ansicht schrieb das Wüten des Kindbettfiebers „epidemischen Einflüssen" zu, die vage beschrieben wurden als „atmosphärisch-kosmisch-tellurische[1] Änderungen", die sich über ganze Distrikte[2] verbreiteten und Kindbettfieber bei Frauen im Wochenbett verursachten. Aber wie, so überlegte Semmelweis, hätten solche Ein-
20 flüsse die Erste Abteilung jahrelang befallen können und die Zweite dabei verschont? Und wie konnte diese Ansicht mit der Tatsache in Einklang gebracht werden, dass, während das Fieber im Krankenhaus wütete, kaum ein Fall sich in der Stadt Wien und seiner Umgebung ereignete: eine echte Epidemie, wie z. B. Cholera, würde nicht so selektiv[3] sein. Endlich fiel Semmelweis noch auf: einige Frauen, die für die Erste Abteilung aufgenommen
25 waren, aber weit entfernt vom Krankenhaus wohnten, wurden auf ihrem Weg von Wehen befallen und entbanden auf der Straße; trotz dieser widrigen Umstände war die Todesrate durch Kindbettfieber bei diesen Fällen von „Straßen-Geburt" niedriger als der Durchschnitt in der Ersten Abteilung.
Nach anderer Meinung war die Oberbelegung eine Ursache der Sterblichkeit in der Ersten
30 Abteilung. Aber Semmelweis wies darauf hin, dass in der Zweiten Abteilung die Belegung tatsächlich noch stärker war, teilweise wegen der verzweifelten Bemühungen der Patientinnen, einer Einweisung in die notorische[4] Erste Abteilung zu entgehen. Ebenso wies er zwei ähnliche, gängige Vermutungen zurück, indem er feststellte, dass zwischen den beiden Abteilungen keine Unterschiede bezüglich der Verpflegung oder der allgemeinen
35 Behandlung der Patientinnen bestanden.
1846 schrieb eine Kommission, die angewiesen war, den Fall zu untersuchen, das vorwiegende Auftreten der Krankheit in der Ersten Abteilung den Verwundungen zu, die durch

[1] tellurisch: die Erde betreffend
[2] Distrikt: Stadtteil
[3] selektiv: hier wählerisch
[4] notorisch: bekannt, berüchtigt

eine grobe Untersuchung durch Medizinstudenten entstanden sein sollten; alle Studenten erhielten nämlich ihre geburtshilfliche Ausbildung in der Ersten Abteilung. Um diese Ansicht zurückzuweisen, führte Semmelwels an, dass a) die Verletzungen, die natürlicherweise beim Geburtsverlauf entstehen, viel schwerer sind als die durch grobe Untersuchung eventuell hervorgerufenen; dass b) die Hebammen, die

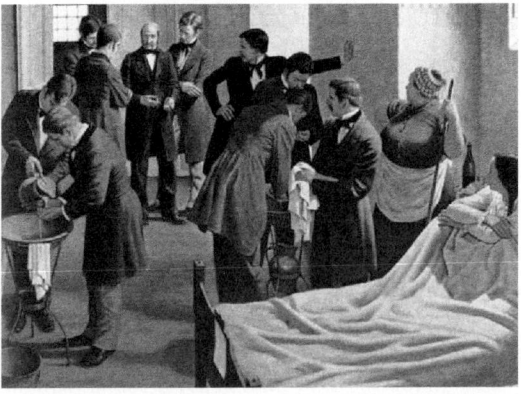

auf der Zweiten Abteilung ausgebildet wurden, ihre Patientinnen fast auf die gleiche Art untersuchten, jedoch ohne die gleichen verderblichen Folgen; dass c), als in Reaktion auf den Bericht der Kommission die Anzahl der Medizinstudenten halbiert und ihre Untersuchungen der Frauen auf ein Minimum reduziert wurden, die Sterblichkeit nach kurzem Abfall auf ein höheres Niveau stieg als je zuvor.

Verschiedene psychologische[5] Erklärungen wurden versucht. Eine davon stellte fest, die Erste Abteilung sei so gelegen, dass der Priester, der den sterbenden Frauen die Kommunion bringe, erst fünf Stationen passieren müsse, um den dahinter liegenden Krankensaal zu erreichen: das Erscheinen des Priesters, begleitet vom Messdiener mit einer Klingel habe auf die Patientinnen der Stationen angeblich eine so erschreckende und entkräftende Wirkung, dass es sie zu leichteren Opfern des Kindbettfiebers mache. In der Zweiten Abteilung fehlte dieser widrige Faktor, da der Priester zum Krankenzimmer direkten Zugang hatte. Semmelwels entschloss sich, diese Vermutung zu überprüfen. Er überredete den Priester, auf einem Umweg und ohne Klingel zu kommen, um das Krankenzimmer leise und unbeobachtet zu erreichen. Die Sterblichkeit in der Ersten Abteilung sank jedoch nicht.

Ein neuer Einfall kam Semmelweis, als er beobachtete, dass in der Ersten Abteilung die Frauen auf dem Rücken liegend entbunden wurden, in der Zweiten dagegen auf der Seite liegend. Obwohl er es für unwahrscheinlich hielt, entschloss er sich, „wie ein Ertrinkender, der sich an einen Strohhalm klammert", zu überprüfen, ob dieser Unterschied von Bedeutung war. Er führte auf der Ersten Station die laterale[6] Stellung ein, aber wiederum blieb die Sterblichkeit unverändert.

Schließlich, zu Anfang des Jahres 1847, gab ein zufälliger Unglücksfall Semmelweis den entscheidenden Anhaltspunkt für die Lösung des Problems. Einer seiner Kollegen, Kolletschka, erhielt von dem Skalpell[7] eines Studenten, mit dem er eine Autopsie durchführte, eine punkt-förmige Verletzung am Finger und starb nach einer quälenden Krankheit, in deren Verlauf er die gleichen Symptome[8] erkennen ließ, die Semmelweis bei den

[5] psychologisch: das Seelenleben betreffend
[6] lateral: seitlich, seitwärts
[7] Skalpell: kleines chirurgisches Messer
[8] Symptom: Anzeichen

Opfern des Kindbettfiebers beobachtet hatte. Obwohl die Rolle der Mikroorganismen bei solchen Infektionen zu jener Zeit noch nicht bekannt war, begriff Semmelweis, dass „Leichensubstanz", vom Skalpell des Studenten in Kolletschkas Blutstrom geraten, die tödliche Krankheit des Kollegen verursacht hatte. Die Ähnlichkeiten im Krankheitsverlauf bei Kolletschka und bei den Frauen in seiner Klinik führten Semmelweis zu dem Schluss, dass seine Patientinnen an der gleichen Art von Blutvergiftung gestorben waren: er, seine Kollegen und die Medizinstudenten waren die Träger des infektiösen Materials, denn sie kamen gewöhnlich direkt in die Stationen, nachdem sie im Autopsie[9]-Saal Sektionen durchgeführt hatten, und untersuchten die in Wehen liegenden Frauen, nachdem sie sich nur oberflächlich die Hände gewaschen hatten, denen auch oft noch ein charakteristischer Verwesungsgeruch anhaftete.

Wiederum testete Semmelweis seinen Einfall. Er überlegte, dass – wenn er Recht hatte – das Kindbettfieber dadurch verhütet werden konnte, dass das an den Händen verbliebene infektiöse Material chemisch vernichtet wurde. Er gab deshalb allen Medizinstudenten die Anweisung, ihre Hände vor jeder Untersuchung in einer Chlorkalk-Lösung zu waschen. Die Sterblichkeit an Kindbettfieber begann prompt zu sinken; sie fiel 1848 auf 1,27 Prozent in der Ersten Abteilung, gegenüber 1,33 Prozent in der Zweiten.

Seine Idee, oder – wie wir auch sagen werden – seine *Hypothese,* wurde, wie Semmelweis bemerkte, auch durch die Tatsache gestützt, dass die Sterblichkeit in der Zweiten Abteilung durchweg so viel niedriger lag: dort wurden die Patientinnen von Hebammen gepflegt, deren Ausbildung keinen Anatomie-Unterricht mit Leichensektion[10] umfasste.

Die Hypothese erklärte auch die niedrigere Sterblichkeit bei „Straßen-Geburten": Frauen, die mit ihrem Kind auf dem Arm ankamen, wurden nach der Aufnahme kaum noch untersucht und hatten somit eine größere Chance, der Infektion zu entkommen. Ähnlich lieferte die Hypothese[11] auch einen Grund dafür, dass die Opfer des Kindbettfiebers bei den Neugeborenen immer solche waren, deren Mütter sich die Krankheit während der Wehen zugezogen hatten; denn dann konnte die Infektion[12] vor der Geburt durch den gemeinsamen Blutkreislauf von Mutter und Kind auf das Baby übertragen werden, was jedoch unmöglich war, wenn die Mutter gesund blieb.

Weitere klinische Experimente brachten Semmelweis bald dazu, seine Hypothese zu erweitern. Zum Beispiel untersuchten er und seine Kollegen, nachdem sie sich sorgfältig ihre Hände desinfiziert hatten, bei einer Gelegenheit eine in Wehen liegende Frau, die an einem eitrigen Gebärmutterkrebs litt; daraufhin setzten sie ihre Untersuchungen an zwölf weiteren Frauen in diesem Raum fort, nachdem sie sich nur routinemäßig ohne erneute Desinfektion gewaschen hatten. Elf der zwölf Patientinnen starben an Puerperalfieber[13]. Semmelweis folgerte daraus, dass Kindbettfieber nicht nur durch Leichensubstanz, sondern auch durch „verfaulende Materie aus lebendigen Organismen" verursacht werden kann.

[9] Autopsie: Leichenschau
[10] Leichensektion: Leichenuntersuchung
[11] Hypothese: Vermutung
[12] Infektion: Ansteckung
[13] Puerperafieber: Kindbettfieber

Semmelweis, Ignaz Philipp, * 1. 7. 1818 Buda (Budapest, Ungarn), † 13. 8. 1865 Wien, Arzt. Geburtshelfer, Entdecker der Ursache des Kindbettfiebers („Retter der Mütter"). 1846-49 Unterarzt an der Gebärklinik in Wien, dann unbezahlter Honorar-Primararzt in Budapest, dort 1855 Universitätsprofessor für Geburtshilfe. Erkannte als Erster die Kontaktinfektion durch Arzt oder Hebamme als Ursache des Kindbettfiebers und wandte vor dem Engländer J. B. Lister antiseptische Methoden an (Waschung mit Chlorkalk). Die meisten zeitgenössischen Autoritäten, an die er sich in „offenen Briefen" wandte, stellten sich gegen ihn, erst nach dem Tod fand er volle Anerkennung. Semmelweis starb als Patient einer Wiener Irrenanstalt an einer Blutvergiftung. Die Frauenklinik in Wien 18 trägt seinen Namen.

Die Entdeckung des Kindbettfiebers durch Ignaz Semmelweis liest sich fast wie ein Kriminalroman. Um nicht den Überblick dabei zu verlieren, ist es ratsam, sich einerseits alle Vermutungen (=Hypothesen) des Wiener Arztes und ihre Widerlegungen in Form einer Tabelle aufzuschreiben und andererseits die Zahl der an Kindbettfieber gestorbenen Frauen in der Ersten und Zweiten Abteilung zwischen 1844 und 1848 in Form einer Statistik festhalten. Was ist der Vorgehensweise von Ignaz Semmelweis eigentlich ‚wissenschaftlich'? Gibt es dafür bestimmte Begriffe und Verfahrensweisen?
Was kann die schließlich von Semmelweis gefundene Theorie zum Kindbettfieber alles erklären, was alle anderen von ihm überprüften Vermutungen nicht können?

7 | Wie wirklich ist die Wirklichkeit?

Ein Indianer am Nordpol

 Ob man es wohl schaffen kann, Indianer und Eskimo gleichzeitig zu sehen? Und wenn nicht, warum geht das nicht? Sie sind doch beide sichtbar! Ist unser Gehirn dafür zu lahm?

Zacken oder so

 Was könnte das sein? Was wirkt plastisch, was eher flach? Was zeigt das Foto, wenn man es auf den Kopf stellt? Was wirkt jetzt plastisch und was eher flach? Woran liegt das wohl?

Heißkalt

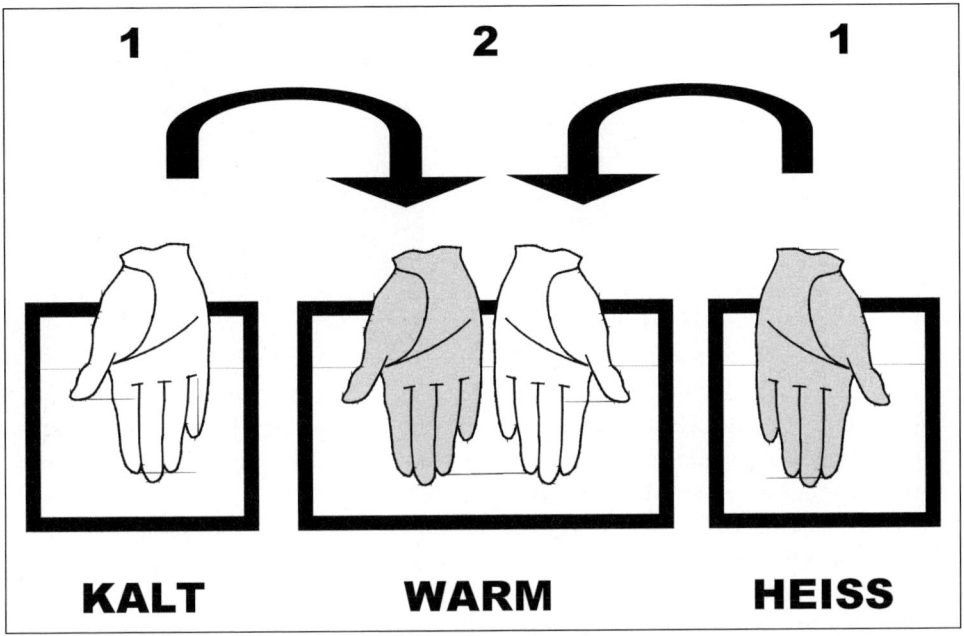

1   2   1

KALT   WARM   HEISS

 Selbstversuch: Man tauche zuerst die rechte Hand in kaltes und gleichzeitig die linke Hand in heißes Wasser, anschließend beide Hände in warmes Wasser! Wie empfindet die rechte Hand das warme Wasser, wie die linke? Wer täuscht hier wen?

Hier gibt es nichts zu sehen!

Der Mensch nimmt seine Umwelt in erster Linie optisch wahr. Die Augen sind unsere wichtigsten Sinnesorgane, ihnen vertrauen wir intuitiv[1]. Während wir uns schon mal über
5 Geräusche vergewissern („Hast du das auch gehört"), Gerüche und Gefühltes als subjektive Regungen interpretieren („Ist mir nicht süß genug", „Ich finde, der Pullover kratzt"), bestreiten wir normalerweise nicht die Exis-
10 tenz von Dingen, die wir sehen. Sitzen wir mit Freunden an einem Tisch mit Tellern, Serviet-

[1] intuitiv: ohne nachzudenken

ten, Besteck, Essen und einer Flasche Wein,
dann meinen wir, alles ständig im Blick zu haben. Es besteht scheinbar kein Grund zum
15 Zweifel – eine trügerische Sicherheit. (...)
Ein Wissenschaftler fragt eine Testperson auf
der Straße nach dem Weg. Während die Testperson grübelt und vielleicht einen Blick auf
den Stadtplan wirft, tragen zwei Arbeiter eine
20 Tür zwischen dem Wissenschaftler und dem
Testkandidaten hindurch. In diesem Moment
wird der ursprüngliche Fragesteller hinter der
Tür gegen eine ändere Person ausgetauscht.
Obwohl Wissenschaftler Nummer zwei anders

25 gekleidet ist, eine andere Frisur und Statur hat, haben viele Testpersonen sich nicht daran
gestört und ihm wie selbstverständlich den Weg erklärt. Unmöglich? Die amerikanischen
Psychologen Daniel Simons und Daniel Levin haben das Experiment gemacht – die Hälfte aller Kandidaten bemerkte keinen Unterschied. (...)
Angesichts dieser Erkenntnisse schrieb das britische Wissenschaftsmagazin *New Scien-*
30 *tist:* „Wir sehen viel weniger, als wir glauben. Unsere visuelle[2] Welt ist eine Illusion[3]."
Bestimmte Veränderungen in unserer Umgebung können wir gar nicht registrieren: Der
Mensch ist darauf angewiesen, Bewegungen zu erkennen. Dafür gibt es im Gehirn spe-
zielle Detektoren[4]. Bewegt sich etwas in unserem Gesichtsfeld, verlagern wir automatisch
unsere Aufmerksamkeit dorthin und sehen die Veränderung. Schwierig wird es, wenn wir
35 die Bewegung nicht bemerken, was viel häufiger der Fall ist, als man zunächst glauben
mag.
Ein paar Zahlen: Etwa alle drei Sekunden blinzeln wir. Während dieses 200 Millisekunden dauernden Lidschlages sehen wir naturgemäß nichts. Auch die unwillkürlichen Blick-
bewegungen, die wir drei- bis viermal pro Sekunde vollziehen und die jeweils 50 bis 100
40 Millisekunden dauern, verhindern, dass unsere Augen klare Reize empfangen. Das ergibt
im Schnitt 250 Tausendstel pro Sekunde, in denen unsere Wahrnehmung blockiert ist.
Heiner Deubel: „Mindestens ein Viertel unserer wachen Zeit sind wir blind." (...)

[2] visuell: sichtbare
[3] Illusion: Täuschung
[4] Detektor: Empfänger

 Wem ist beim Umblättern aufgefallen, dass die Versuchspersonen ausge-
tauscht worden sind?

**Fahrrad oder
Faahraad?**

Welches der beiden Fotos zeigt wohl das Fahrrad auf dem Straßenpflaster aus der Nähe?

Mit Kreide lassen sich beide Fahrradformen schnell irgendwo auf ein Pflaster oder einen Parkplatz malen. (Etwa in der Größe eines Kinderfahrrads) Dann betrachte man das normal erscheinende Fahrrad und das verformte Fahrrad aus einiger Entfernung!

Man kann auch 10 – 15 Personen im Abstand von jeweils circa 10 Metern an eine Straße stellen und sich dann vor diese Menschenkette stellen. Wie groß erscheint die letzte Person, wie groß die Person, die in der Mitte steht?

Mit allen Sinnen

Das vollkommene Sinnenwesen, das Sinne und Vernunft besitzt, ist also wie ein Kosmograph[1] zu betrachten, der eine Stadt mit fünf Toren, nämlich den fünf Sinnen, besitzt, durch welche Boten aus der ganzen Welt eintreten und vom gesamten Aufbau der Welt berichten, und zwar in folgender Ordnung: Die Boten, welche von Licht und Farbe in der
5 Welt Neues bringen, treten durch das Tor des Gesichtssinnes ein; die von Laut und Stim-

---

[1] Kosmograph: Weltaufzeichner

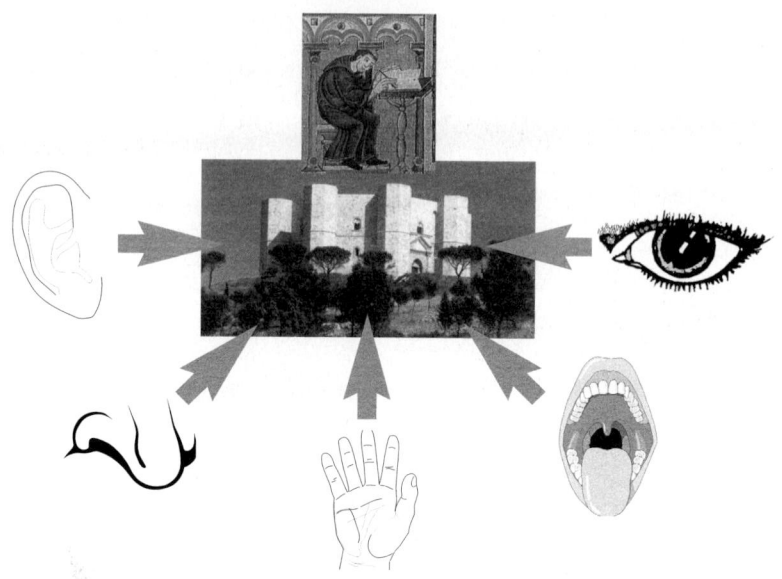

me durch das Tor des Gehörs; die von Gerüchen durch das Tor des Geruchssinnes; die von Geschmack durch das Tor des Geschmackssinnes; und die von Wärme, Kälte und anderem Tastbaren künden, treten durch das Tor des Tastsinnes ein. Der Kosmograph sitzt da und zeichnet alle Berichte auf, damit er die Beschreibung der gesamten sinnenfälligen
10 Welt in seiner Stadt aufgezeichnet besitze. Wenn aber ein Tor seiner Stadt, z. B. das des Gesichtssinnes, immer geschlossen blieb, wird die Beschreibung der Welt mangelhaft ausfallen, weil die Boten des Sichtbaren keinen Eingang fanden. Denn die Beschreibung wird nichts erwähnen von Sonne, Sternen, Licht und Farben, nichts von den Gestalten der Menschen, Tiere, Bäume und Städte und nichts vom größeren Teil der Schönheit der Welt.
15 Wenn das Tor des Gehörssinnes geschlossen blieb, würde die Beschreibung ebenso nichts enthalten von Sprachen, Liedern, Melodien und dergleichen. Dasselbe träfe bei den übrigen Sinnen zu. Daher bemüht sich der Kosmograph mit allem Eifer, alle Tore offen zu halten und ständig die Berichte von immer neuen Boten zu vernehmen und seine Beschreibung immer wahrer zu gestalten.
20 Wenn er schließlich in seiner Stadt eine Gesamtaufnahme der sinnenfälligen Welt fertig gestellt hat, trägt er sie, um ihrer nicht verlustig zu gehen, in rechter Ordnung und in den entsprechenden Größenverhältnissen auf eine Karte ein. Sodann wendet er sich dieser Karte zu, entlässt die Boten für die Folgezeit und schließt die Tore.

Nikolaus von Kues

Nikolaus von Kues, latinisiert auch Nicolaus Cusanus genannt, (* 1401 in Kues an der Mosel (heute Bernkastel-Kues); † 11. August 1464 in Todi, Umbrien) war ein Kirchenmann, Kardinal und Universalgelehrter, gilt als der bedeutendste Philosoph und einer der bedeutendsten Mathematiker des 15. Jahrhunderts.

Das Kosmographen-Experiment von Nikolaus von Kues kann man relativ leicht mit Hilfe einfacher Mittel nachstellen. Man zeige zum Beispiel einer Versuchsperson einen kurzen Filmausschnitt (circa 5 Minuten) und lasse sie dann zusammenfassen, was sie gerade gesehen und gehört hat. Einer anderen Versuchsperson zeige man denselben Filmausschnitt, schalte aber dabei den Ton ab. Auch diese Versuchsperson soll anschließend zusammenfassen, was sie gerade gesehen hat. Ein Vergleich der beiden Zusammenfassungen müsste sofort deutlich machen, welche Informationen uns ohne Gehör verloren gehen.

Man kann auch einen beliebigen Gegenstand in eine Einkaufstasche geben. Die erste Versuchsperson darf ihn nur von außen durch die Tasche befühlen, eine zweite darf nur einen Blick in die Tasche werfen, und eine dritte darf sie aus der Tasche nehmen, anschauen und befühlen. Alle drei Versuchspersonen sollen anschließend genau beschreiben, was sie gesehen bzw. gefühlt haben.

Wer würde wetten, dass der Tunnel genau so hoch wie breit ist? Gibt es für die unterschiedliche Wahrnehmung von Breite und Höhe eine Erklärung?

Ich sehe was, was du nicht siehst

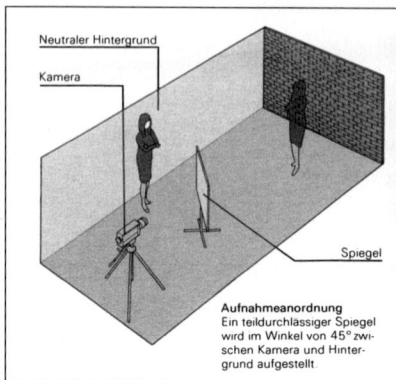

Neutraler Hintergrund
Kamera
Spiegel

Aufnahmeanordnung
Ein teildurchlässiger Spiegel
wird im Winkel von 45° zwischen Kamera und Hintergrund aufgestellt.

Wir lachen heute über die Leute, die vor rund 100 Jahren schreiend aus einem Kino liefen, als auf der Leinwand ein Zug zu sehen war, der direkt auf die Zuschauer zufuhr. Aber kennen wir alle Tricks, mit denen die Filmemacher heute arbeiten? Könnte jemand, dem man nur das rechte Foto zeigt, erraten, wie die Aufnahme gemacht worden ist? Das lässt sich ja mit einem Versuch leicht überprüfen.
Könnte es vielleicht Filmtricks geben, von denen wir nicht einmal ahnen, dass es Tricks sein könnten? Was zeigt uns eine Kamera, was nicht?

Folgendes ist einem echten Menschen tatsächlich passiert, und dieser Mensch bin ich. Ich musste mit dem Zug verreisen. Es war im April 1976 in Cambridge in England. Ich war etwas zu früh auf dem Bahnhof, weil ich mich in der Abfahrtszeit geirrt hatte. Also kaufte ich mir eine Zeitung, um das Kreuzworträtsel zu lösen, eine Tasse Kaffee und eine
5 Packung Kekse. Ich setzte mich an einen Tisch. Stellen Sie sich die Szene bitte genau vor. Es ist sehr wichtig, dass Sie sich ein deutliches Bild davon machen. Da ist der Tisch, die Zeitung, die Tasse Kaffee, die Packung Kekse. Mir gegenüber sitzt ein Mann, ein vollkommen normal aussehender Mann in einem Straßenanzug und mit einer Aktentasche. Er sah nicht so aus, als würde er etwas Verrücktes machen. Doch dann machte er dies: Er beug-
10 te sich plötzlich vor, griff sich die Packung Kekse, riss sie auf, nahm einen Keks heraus und aß ihn.

Das, muss ich gestehen, ist genau die Sorte Verhalten, mit der Briten ganz schlecht umgehen können. Nichts in unserer Herkunft, Ausbildung oder Erziehung lehrt uns, wie man mit jemandem umgeht, der einem am helllichten Tag gerade Kekse geklaut hat. Sie wissen, was passieren würde, wenn das in South Central Los Angeles geschehen wäre. Ganz schnell wären Schüsse gefallen, Hubschrauber gelandet, CNN, na, Sie wissen schon ... Aber schließlich tat ich das, was jeder heißblütige Engländer getan hätte: Ich ignorierte es. Ich starrte in die Zeitung, trank einen Schluck Kaffee, versuchte mich vergeblich an dem Kreuzworträtsel und dachte: Was soll ich bloß *tun?* Schließlich dachte ich: *Geht nicht anders, ich muss einfach irgendwas tun,* und bemühte mich sehr angestrengt, keine Notiz davon zu nehmen, dass das Päckchen rätselhafter weise schon geöffnet war. Ich nahm mir einen Keks. *Jetzt habe ich's ihm aber gezeigt,* dachte ich. Doch nein, denn einen Augenblick später tat er es wieder. Er nahm sich noch einen Keks. Da ich schon beim ersten Mal nichts gesagt hatte, war es beim zweiten Mal irgendwie noch schwieriger, das Thema anzuschneiden. „Entschuldigen Sie, ich habe zufällig bemerkt ...“ Also wirklich, so geht das einfach nicht.

Aber so aßen wir die ganze Packung. Wenn ich sage, die ganze Packung, meine ich, es waren im Ganzen nur etwa acht Kekse, aber mir kam es wie eine Ewigkeit vor. Er nahm sich einen Keks, ich nahm mir einen, er nahm sich einen, ich nahm mir einen. Als wir fertig waren, stand er endlich auf und ging weg. Na schön, wir warfen einander viel sagende Blicke zu, dann ging er weg, und ich atmete erleichtert auf und lehnte mich zurück.

Wenig später fuhr mein Zug ein, ich trank schnell meinen Kaffee aus, stand auf, nahm die Zeitung, und unter der Zeitung lagen meine Kekse. Besonders gut gefällt mir an dieser Geschichte die Vorstellung, dass seit einem Vierteljahrhundert irgendwo in England ein ganz normaler Mensch herumläuft, der genau dieselbe Geschichte erlebt hat. Nur fehlt ihm die Pointe.

Douglas Adams

Douglas Noël Adams (* 11. März 1952 in Cambridge, Großbritannien; † 11. Mai 2001 in Santa Barbara, USA) war ein britischer Schriftsteller. Sein berühmtestes Buch ist der Science-Fiction-Roman „Per Anhalter durch die Galaxis". Es wurde kürzlich erst verfilmt.

Was wird der Fremde im Zug wohl seiner Frau erzählt haben, als er nach Hause kam?
Ob so etwas öfter in unserem Alltag passiert?
Könnte es sein, dass wir (immer) nur Ausschnitte unserer Wirklichkeit wahrnehmen?
Wenn wir eine Geschichte erzählen, erzählen wir dann wirklich immer dieselbe Geschichte? Das könnte mit Hilfe eines Diktiergerätes überprüft werden, falls jemand bereit ist, dieselbe Geschichte, die er erlebt hat, zu verschiedenen Zeitpunkten zwei verschiedenen Zuhörern zu erzählen.

Denktunnel

Situation 1

Sie haben im Roulette 25 Euro auf Schwarz gesetzt und gewonnen.

Sie besitzen jetzt also 50 Euro.

5 Wären Sie bereit, erneut 25 Euro auf Rot oder Schwarz zu setzen?

Situation 2

Sie haben im Roulette gerade 25 Euro auf Schwarz gesetzt und verloren.

10 Wären Sie bereit, weitere 25 Euro auf Rot oder Schwarz zu setzen?

Situation 3

Sie haben 25 Euro auf Schwarz gesetzt. Die Kugel ist bereits gefallen.

Sie haben also entweder 50 Euro gewonnen oder 25 Euro verloren.

15 Sie wissen aber noch nicht, welche der beiden Möglichkeiten eingetreten ist,

denn Sie befinden sich in einem Nebenzimmer an einem anderen Roulettetisch.

Wären Sie in diesem Fall bereit, sofort, also noch bevor Sie wissen, ob Sie gewonnen oder verloren haben, erneut 25 Euro zu setzen?

(...) Zwar ist nicht jeder bereit, erneut zu spielen, wenn er verloren hat, und auch bei

20 Gewinn würden nicht alle einen neuen Einsatz wagen. Aber von denjenigen, die behaupten, sie würden ein zweites Mal spielen, wenn sie wissen, sie haben gewonnen, und wenn sie wissen, sie haben verloren, lehnen es die meisten ab, ein zweites Mal zu spielen, wenn sie nicht wissen, ob sie beim ersten Spiel Glück oder Pech hatten. (...)

Massimo Piattelli-Palmarini

Der Physiker **Massimo Piattelli-Palmarini** wurde 1942 geboren, lehrte an allen großen Universitäten der Welt und forscht heute am Massachusetts Institute of Technology (MIT), der weltbekannten Universität in Cambridge, Massachusetts, USA.

Das MIT gilt als die weltweit führende Universität im Bereich von technologischer Forschung und Lehre.

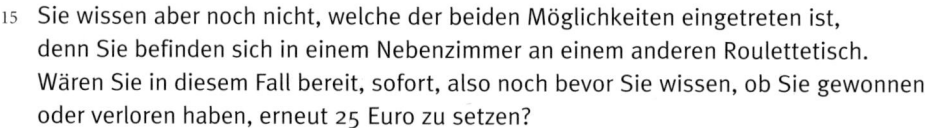

Wer in einen Denktunnel gerät, verliert leicht die Übersicht. Die Erfahrungen, die der italienische Wissenschaftler Piattelli-Palmarini gemacht hat, lassen sich leicht mit verschiedenen Testpersonen überprüfen. Noch interessanter ist es natürlich darüber nachzudenken, warum wir uns trotz alle Logik immer wieder zu ganz unlogischen Entscheidungen hinreißen lassen.

Der vielarmige Bandit

Der Leser weiß vermutlich, was ein einarmiger Bandit ist: ein Spielautomat, in dem drei oder vier Scheiben durch das Herunterziehen eines Hebels (des „Arms") in rasche Drehung versetzt werden. Wenn zwei oder mehrere Scheiben schließlich in derselben Stellung stehen bleiben, gewinnt der Spieler; wenn (wie es viel wahrscheinlicher ist) sie dies
5 nicht tun, schluckt die Maschine die Münze, durch deren Einwurf der Spieler den Arm entriegelte. Man versucht also sein Glück gegen das kapriziöse, unbestimmbare „Verhalten" des Spielautomaten, und nicht selten entwickelt man dabei kleine, abergläubische Ideen über das Innenleben des einarmigen Banditen. (Es handelt sich dabei um ungefähr ebenso harmlose Schrullen, wie es die komischen Verrenkungen des Keglers *nach* Loslassen
10 der Kugel sind; Verrenkungen, die anscheinend den Zweck haben, den Lauf der Kugel auf die Kegel hinzusteuern.) Eine etwas ähnliche, aber kompliziertere Maschine wurde von Wright an der Stanford-Universität gebaut und „vielarmiger Bandit" genannt. Sie hat allerdings keine Arme, sondern sechzehn identische und unbezeichnete Klingelknöpfe, die kreisförmig auf einem Schaltbrett angeordnet sind. Im Mittelpunkt des Kreises ist ein
15 siebzehnter Druckknopf und über den Knöpfen ein dreistelliges Zählwerk angebracht.
Die Versuchsperson nimmt vor dem Schaltbrett Platz und erhält folgende Anweisung:
„Ihre Aufgabe ist es, diese Knöpfe so zu drücken, dass Sie eine Höchstzahl von Punkten hier im Zählwerk erzielen. Sie wissen jetzt natürlich noch nicht, wie Sie das erreichen können, und Sie müssen sich zunächst also auf blindes Ausprobieren verlassen. Langsam
20 aber wird sich Ihre Leistung verbessern. Wenn Sie den richtigen Knopf oder einen aus einer Reihe von richtigen Knöpfen drücken, werden Sie einen Summerton hören, und das Zählwerk wird einen Punkt mehr anzeigen. Sie werden pro Tastendruck nie mehr als einen Punkt gewinnen und keine bereits gewonnenen Punkte wieder verlieren.
Beginnen Sie, indem Sie einen Knopf des Kreises einmal drücken. Drücken Sie dann den
25 Kontrollknopf in der Mitte, um herauszufinden, ob Sie damit einen Punkt gewonnen haben. Wenn das der Fall ist, werden Sie beim Drücken der Kontrolltaste den Summer

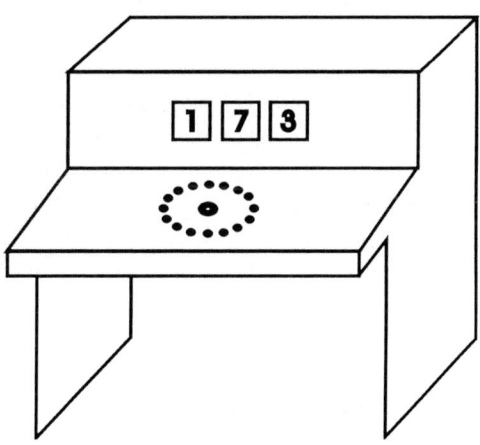

hören. Drücken Sie dann wieder einen Knopf am Kreis (entweder einen anderen oder denselben) und prüfen Sie Ihre Leistung dann wiederum durch das Drücken des Kontrollknopfs. Nach jedem Drücken eines Knopfs am Kreis müssen Sie also den Kontrollknopf
30 drücken.“

Was die Versuchsperson nicht weiß, ist, dass die „Belohnung“ (der Summerton, der ihr mitteilt, dass sie den „richtigen“ Knopf gedrückt hat) nichtkontingent[1] ist; das heißt, es besteht kein Zusammenhang zwischen den von ihr gedrückten Tasten und dem Ertönen des Summers.

35 Das Experiment besteht aus einer ununterbrochenen Reihe von 325 Versuchen (Knopfdrücken), die in 13 Gruppen von je 25 Versuchen eingeteilt sind. Im Verlauf der ersten zehn Gruppen (den ersten 250 Versuchen) erhält die Versuchsperson eine gewisse Anzahl von Bestätigungen (Summertönen), die aber wahllos gegeben werden, so dass sie der Versuchsperson nur höchst ungefähre Annahmen über die (nicht bestehenden) Regeln
40 gestattet, die sie entdecken zu müssen glaubt. Im Verlauf von Gruppe elf und zwölf (das heißt während der nächsten 50 Versuche) erhält die Versuchsperson keinen einzigen Summerton; in der letzten Gruppe (den letzten 25 Versuchen) ertönt der Summer nach jedem Tastendruck.

Man versetze sich nun in die durch das Experiment herbeigeführte Lage: Nach dem erfolg-
45 losen Drücken einiger Knöpfe ertönt der Summer zum ersten Mal. Da es aber eine weitere Bedingung des Experiments ist, dass man keine Notizen machen darf, muss man nun das eben richtig Gemachte irgendwie zu wiederholen versuchen. Diese Versuche schlagen aber hartnäckig fehl, bis der Summer auf einmal wieder ertönt. Die Situation scheint vorläufig weder Hand noch Fuß zu haben. Langsam aber bilden sich einige scheinbar ver-
50 lässliche Annahmen heraus. Gerade dann aber geht irgendetwas schief (Versuchsgruppen 11 und 12), das alles bisher Erarbeitete in Frage stellt, denn auch nicht ein einziger Versuch erweist sich als richtig. Alles scheint umsonst, doch glücklicherweise macht man nun die entscheidende Entdeckung, und von diesem Augenblick an (Gruppe 13) ist der Erfolg hundertprozentig: man hat die Lösung gefunden.

55 An diesem Punkte angelangt, wird den Versuchspersonen die Wahrheit über die Versuchsanordnung mitgeteilt. Ihr Vertrauen in die Richtigkeit der eben erst mühsamst erarbeiteten Lösung ist aber so unerschütterlich, dass sie die Wahrheit zunächst nicht glauben können. Einige nehmen sogar an, dass der Versuchsleiter derjenige ist, der einer Täuschung zum Opfer fiel, oder dass sie eine bisher unentdeckte Regelmäßigkeit in der ange-
60 blichen Regellosigkeit des so genannten Randomisators im Apparat (des Zufallsmechanismus, der bei Drücken des Kontrollknopfs den Summer entweder ertönen lässt oder nicht) gefunden haben. Anderen muss die Rückseite des vielarmigen Banditen gezeigt und damit bewiesen werden, dass die sechzehn Schaltknöpfe an nichts angeschlossen sind, bevor sie sich von der Nichtkontingenz[2] des Experiments überzeugen.

65 Das Elegante an diesem Versuch ist, dass er das Wesen eines universalen menschlichen Problems klar herausstreicht: Wenn wir nach langem Suchen und peinlicher Ungewiss-

[1] nichtkontingent: nicht zufällig
[2] Nichtkontingenz: Nicht-Zufälligkeit

heit uns endlich einen bestimmten Sachverhalt erklären zu können glauben, kann unser darin investierter[3] emotionaler Einsatz so groß sein, dass wir es vorziehen, unleugbare Tatsachen, die unserer Erklärung widersprechen, für unwahr oder unwirklich zu erklären, statt unsere Erklärung diesen Tatsachen anzupassen. Dass derartige Retuschen[4] der Wirklichkeit bedenkliche Folgen für unsere Wirklichkeitsanpassung haben können, versteht sich von selbst.

Was die Hartnäckigkeit und Komplexität[5] dieser Pseudolösungen[6] betrifft, konnte Wright nachweisen, dass die absurdesten[7] Erklärungen von jenen Versuchspersonen zusammengebastelt wurden, deren Tastendrücke während der Versuchsgruppen eins bis zehn zur Hälfte für richtig erklärt wurden. Versuchspersonen, deren Versuche öfter als 50 % mit dem Summerton „belohnt" wurden, entwickelten verhältnismäßig einfache Erklärungen; andere, deren Versuche mit weit unter 50 % liegender Häufigkeit für richtig erklärt wurden, fanden das Problem häufig unlösbar und gaben auf. Auch die Parallele[8] zwischen diesem Aspekt des Experiments und wirklichen Lebenssituationen ist offensichtlich – und beunruhigend.

Paul Watzlawick

[3] investieren: in eine Sache reinstecken
[4] Retusche: Veränderung
[5] Komplexität: Vielgestaltigkeit
[6] Pseudolösungen: falsche Lösungen
[7] absurd: widersinnig, unsinnig
[8] Parallele: hier: Übereinstimmung

Paul Watzlawick (* 25. Juli 1921 in Villach, Österreich) ist ein österreichischer Psychotherapeut, Kommunikationswissenschaftler und Autor mit Wahlheimat in Kalifornien. Eines seiner bekanntesten Bücher heißt: „Anleitung zum Unglücklichsein".

Das Verhalten der Leute, die darüber aufgeklärt wurden, dass es wirklich keine Verbindung zwischen dem Drücken der Tasten und den angezeigten Erfolgsergebnissen gibt, scheint geradezu lächerlich. Aber man beobachte einmal Leute, z.B. Lehrer, die einen Fehler gemacht haben und wie sie versuchen, diesem Fehler noch etwas Positives abzugewinnen. Wer sich einmal in einen Denktunnel verrannt hat, wird alles versuchen, um sein ‚Gesicht zu retten', wie es die Japaner ausdrücken. Warum ist das für uns so wichtig? Was verlieren wir denn, wenn wir einen Fehler zugeben?

Die zersägte Jungfrau

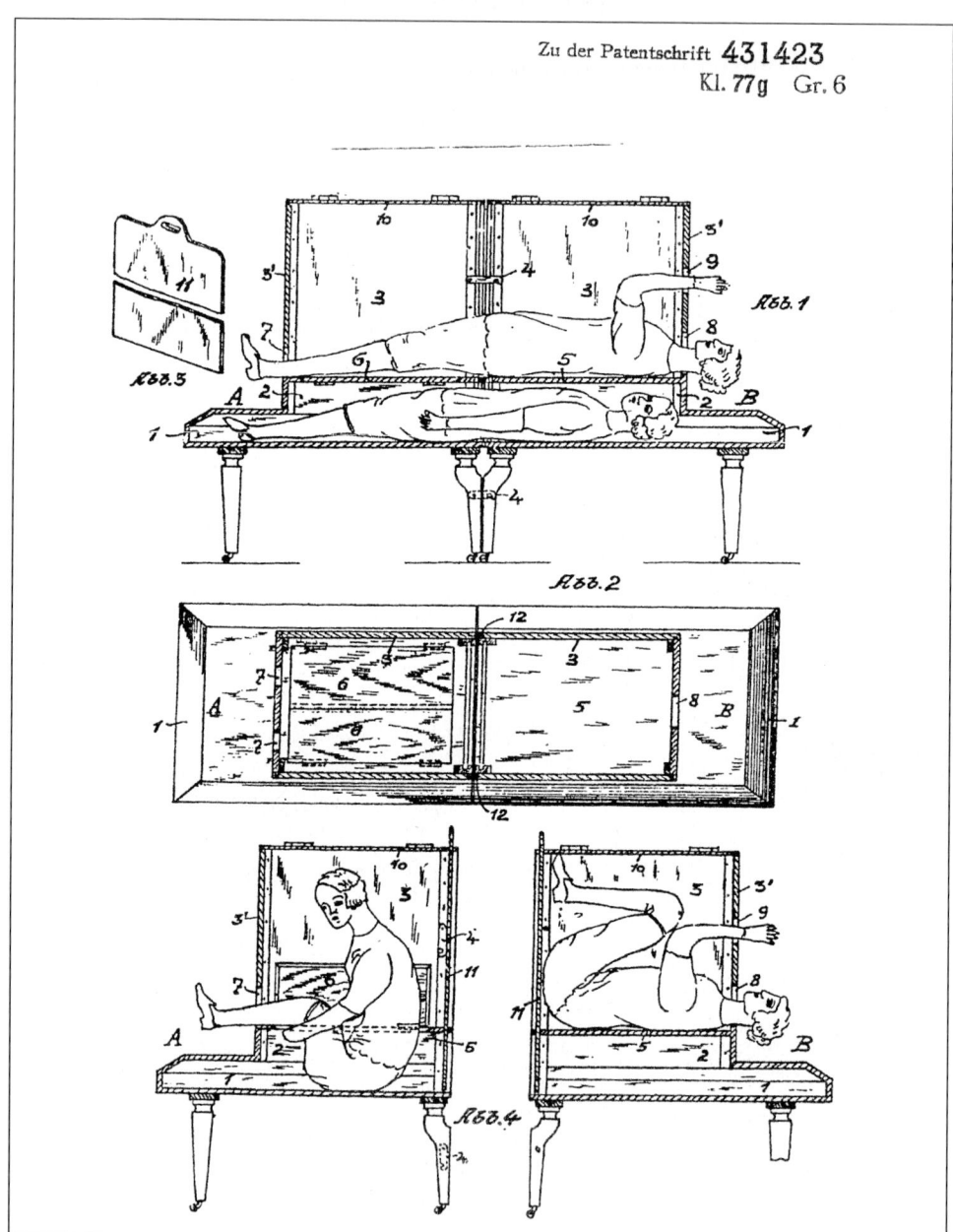

Zu der Patentschrift 431423
Kl. 77g   Gr. 6

Reichspatentamt, Patentschrift Nr. 43 1423, Klasse 77g, Gruppe 6, Horace Goldstein in New York, Zaubergerät zur Vorführung des scheinbaren Zersägens einer in einem Behälter liegenden Person, patentiert im Deutschen Reiche vom 28. November 1925

Diese Zeichnung verrät uns, wie Zauberer angeblich eine Frau zersägen. Natürlich wissen wir alle, dass ein sogenannter ‚Zauberer' nicht wirklich eine lebendige Frau zersägen und Minuten später wieder zusammensetzen kann. Wir wussten ja immer, dass ein Trick dabei ist. Hier kann man sehen, wie er funktioniert. Bei einem erfolgreichen Lügner können wir das nicht. Gibt es vielleicht Gründe, warum wir uns so leicht/gerne täuschen lassen, auch wenn wir wissen, dass wir getäuscht werden?

Hieronymus Bosch, Der Taschenspieler

8 | Der Tod muss abgeschafft werden

Geschichte ohne Titel

In der Zeitung fand ich heute einen Bericht, der wie eine schlechte Erfindung einer farcenhaften[1] Fantasie anmutet. Aber ich bin sicher, er ist wahr.

Ein junger italienischer Arbeiter aus Turin und seine Freundin
5 wollen gemeinsam sterben, weil sie ihre Beziehung für aussichtslos halten. Jedenfalls sieht es so aus. Sie haben sich Blausäurekapseln[2] besorgt und nehmen sie nach langen Liebesbeteuerungen und Umarmungen gleichzeitig in den Mund.

Das Mädchen zerbeißt die Kapsel und stirbt in Krämpfen, der
10 junge Mann hat sie in die Backentasche geschoben und spuckt sie wieder aus.

Ist er ein heimtückischer Mörder, der seine Freundin in eine raffinierte psychologische Falle gelockt hat, um sie loszuwerden? Der Polizei erklärt er, dass er plötzlich Angst bekommen habe. Er
15 habe gezögert, habe entsetzt gesehen, wie seine Freundin starb, habe es immer noch tun wollen, aber nicht mehr gekonnt.

Beide Versionen[3] sind möglich, aber die zweite interessiert mich mehr.

Danach war er, so stelle ich mir vor, der Initiator[4] dieses Todesspiels. Er entwickelte den
20 Plan, er besorgte die Giftkapseln und wählte den Zeitpunkt und den Ort. Aber sie, ihr tiefes Bedürfnis abhängig zu sein, bestimmte ihn, das Spiel weiter zu treiben, ihr Gehorsam ließ ihn nicht los, die Bestätigung, die er darin fand, war das Gewicht, das sie beide nach unten zog. Denn es ging nun nicht mehr darum, dass sie nicht leben konnten, sondern dass sie für kurze Zeit eine Art zu leben gefunden hatten, die sie beide befriedigte, die
25 aber den Tod als Bedingung einschloss, sie spielten das Todesspiel, weil es ihnen Geborgenheit gab, die Sicherheit, dass keiner vor dem anderen noch irgendeinen Vorteil oder Vorbehalt hatte, nichts, was er zurück behalten konnte für später, als Ausweg, Abweg, eigene Möglichkeit. Der Tod, den sie sich versprachen, gewährte ihnen das kurze Bild eines Lebens ohne Betrug, ohne die Angst vor Trennung und Verlassensein.
30 Aber da nur sie bereit war, den Preis dafür zu bezahlen, muss man annehmen, dass es

Track 9: Mit Hilfe bunter Plastiksteine hat ANDINO demonstriert, wie sich der griechische Naturphilosoph Demokrit die kleinsten Bestandteile unseres Körpers, die Atome, vorstellt und dass man sie auch immer wieder beliebig neu kombinieren kann. Das würde bedeuten, dass kleinste Teilchen von uns zu einem späteren Zeitpunkt in einem anderen Lebewesen wieder auftauchen.
Würde man gerne in dieser Form weiterleben wollen? Und wenn ja, in welcher Gestalt?

---

[1] farcenhaft: lächerlich
[2] Blausäure: tödliches Gift
[3] Version: Darstellung
[4] Initiator: Erfinder

vor allem ihr Bedürfnis war. Und dass sie ihn damit ansteckte, während es so schien, dass er sie führte. Ihr Wunsch nach einer äußersten unkündbaren Gemeinschaft war die Todesfalle, die sie ihm aufstellte und aus der er sich im letzten Augenblick rettete.

Musste er denn sterben, weil er es versprochen hatte? War nichts mehr zu gewinnen ohne
35 sie, keine andere Möglichkeit, wenigstens ein Aufschub? Er schob die Kapsel in die Backentasche und diese Heimlichkeit kündigte das Bündnis auf. Dies Bündnis, das nun nichts mehr einbrachte als den qualvollen Tod, den er vor Augen hatte.

In diesem Augenblick wurde er erwachsen. Er begriff seine Unabhängigkeit und dass er bereit war, ein Schuft, ein Verräter zu sein, um zu leben. Und ich nehme an, er täuschte
40 seine Freundin in diesen letzten Sekunden, warf sich neben sie, stöhnte und wälzte sich in scheinbaren Qualen, und dabei spuckte er die Kapsel aus.

Dieter Wellershoff

Dieter Wellershoff (* 3. November 1925 in Neuss) ist ein deutscher Schriftsteller.

In dieser Geschichte ohne Titel überlegt sich der Erzähler, was die beiden Liebenden dazu veranlasst haben könnte, gemeinsam in den Tod zu gehen.
Aber kann der Tod denn Geborgenheit vermitteln?
Inwiefern hat das Mädchen dem Freund eine ‚Todesfalle‘ gestellt?
Wäre es wirklich kindisch gewesen, wenn der junge Mann die Blausäurekapsel doch zerbissen hätte?

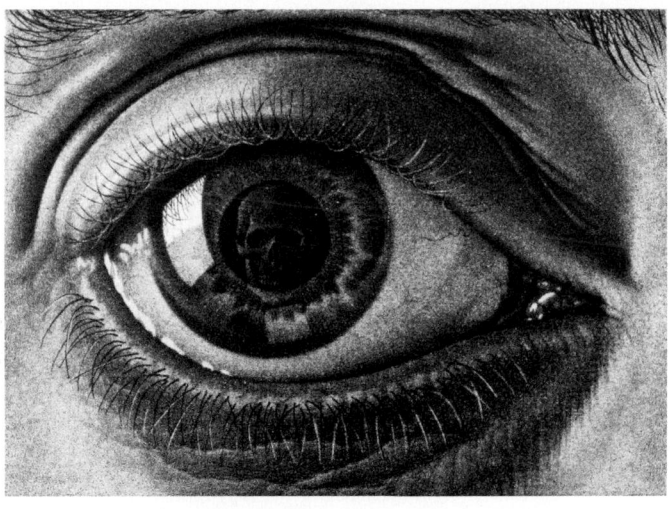

M. C. Escher, Auge, 1946

‚Gute Reise'

Seit einigen Jahren ist es in Accra, der Hauptstadt von Ghana, Mode geworden, seine Verwandten in bunt bemalten Särgen zu beerdigen die in einem engen Zusammenhang mit dem Beruf des Verstorbenen stehen. Mit dem ‚Fisch-Sarg' einer reich gewordenen Fischhändlerin kam diese Beerdigungsform in Mode. Inzwischen geben die Ghanaer ein hal-
5 bes Jahresgehalt und mehr für diese Themensärge aus. Besonders beliebt ist der Mercedes-Benz als Statussymbol für den erfolgreichen Geschäftsmann. Die Angehörigen möchten mit diesem Kult ihre Verstorbenen in guter Erinnerung behalten und dafür sorgen, dass sie aus dem Jenseits positiv auf ihr Erdenleben einwirken.

1. Was spricht für oder gegen die Beerdigung in einem Themensarg – für einen selbst oder für Verwandte?
2. Welches Verhältnis zum Tod haben wohl Menschen, die verbrannt werden möchten und ihre Asche dann später im Meer versenken lassen oder in einem Friedwald verstreuen lassen?
3. Sollte man es den Verwandten erlauben, die Asche der Verstorbenen zu Hause aufzubewahren?

Komm zurück!

1. Jahresgedächtnis
11. November 1999

TIMO

4.1.1980   11.11.1998

Heute vor einem Jahr hatte Timo noch so viele Ideen, Wünsche, Pläne und Träume. Er wollte sein Abitur machen. Er hat sich auf unser Haus gefreut und sein tolles Zimmer. Timo war in der Fahrschule angemeldet. Er wollte so gerne zur ,Love Parade 99'. Er war gespannt auf den „Crash Jahr 2000". Er hat sich auf seinen 20. Geburtstag im Jahr 2000 gefreut. Sein Leben fing gerade erst an. „Bis gleich", sagte er, aber es gab kein gleich mehr. Alles wurde innerhalb weniger Sekunden zerstört. Timo starb, heute vor einem Jahr um 20.21 Uhr, eingeklemmt auf dem Beifahrersitz eines … Unser Schmerz und unsere Trauer darüber, dass Timo nicht mehr bei uns ist, wächst mit jedem Tag. Komm nach Hause!
Er war jemand, der die Welt erhellt hat.

VERGESST IHN NICHT !
Denkt an ihn, wenn ihr das tut,
was er noch gerne getan hätte.

Bis später Timo
irgendwann sehen wir uns wieder
Deine Mamski und Dein Papa

Diese Todesanzeige ist nicht erfunden. Welche Gefühle soll sie beim Leser der Zeitung wohl auslösen? Was erfahren wir aus ihr über die Gefühle der Eltern? Sind sie nachvollziehbar? Sollte man den Eltern irgendeine Hilfe anbieten? Was könnte man ihnen sagen, um sie zu trösten?

Der Tod muss abgeschafft werden, diese verdammte Schweinerei muss aufhören. Wer ein Wort des Trostes spricht, ist ein Verräter.

Bazon Brock

Der Kunstprofessor und Künstler Bazon Brock hat diese zwei Sätze im Jahre 1967 in Stück Blech prägen lassen und öffentlich ausgestellt.

 Kann man Bazon Brock einfach so zustimmen? Oder gibt es auch gute Gründe für den Tod?

 Mit einem Blick in eine Tageszeitung müsste man sofort die Frage beantworten können, ob es üblich ist, in Todesanzeigen ‚ein Wort des Trostes' zu sprechen. Und falls ja, sind die Hinterbliebenen deshalb alle ‚Verräter'? Was unterscheidet eine normale Todesanzeige von einer ungewöhnlichen?

Auf (fast) allen Friedhöfen gibt es auch anonyme Gräberfelder. Dort wird die Urne mit der Asche eines Verstorbenen vom Beerdigungsinstitut in einem Rasenstück beigesetzt. Und selbst die Verwandten wissen nicht, an welcher Stelle des Gräberfeldes der Tote beerdigt wurde.
Warum bevorzugen immer mehr Menschen diese Form der Bestattung?
Was spricht für die traditionelle Form der Beerdigung mit Grabstein und Blumen auf den Gräbern?
Bei einem Gang über einen Friedhof könnte man auch einmal darauf achten, wie in der Regel die Grabsteine aussehen und was auf ihnen steht.

Von der Freundlichkeit der Welt

Auf die Erde voller kaltem Wind
Kamt ihr alle als ein nacktes Kind.
Frierend lagt ihr ohne alle Hab,
Als ein Weib euch eine Windel gab.

Keiner schrie euch, ihr wart nicht begehrt
Und man holte euch nicht im Gefährt.
Hier auf Erden wart ihr unbekannt,
Als ein Mann euch einst nahm an der Hand.

Und die Welt, die ist euch gar nichts schuld:
Keiner hält euch, wenn ihr gehen wollt.
Vielen, Kindern, wart ihr vielleicht gleich.
Viele aber weinten über euch.

Von der Erde voller kaltem Wind
Geht ihr all bedeckt mit Schorf und Grind.
Fast ein jeder hat die Welt geliebt,
Wenn man ihm zwei Hände Erde gibt.

Bertolt Brecht

*Der Text des Gedichtes ist auf einem
Grabstein zu lesen, der ein anonymes
Gräberfeld markiert.*

Ist es eigentlich noch üblich, persönlich Abschied von einem gerade verstorbenen Menschen zu nehmen, den man gut kannte, mit dem man verwandt war, den man liebte? Früher wurden vor allem in ländlichen Gegenden Tote drei Tage lang für diesen Zweck im Haus aufgebahrt. Warum ist diese Sitte wohl außer Mode gekommen? Sollte man sie wieder beleben?

Wie schreibt man ,Tod'?

PIETÄT · PIETÄT · PIETÄT
PIETÄT · PIETÄT · PIETÄT
PIETÄT · PIETÄT · PIETÄT
PIETÄT · PIETÄT · ***PIETÄT***
PIETÄT · PIETÄT

1. Das lateinische Wort ,Pietät' bedeutet Achtung bzw. Ehrfurcht vor einem Toten.

• Welche der hier vorgelegten Schriftarten ist wohl geeignet, um dem Sinn der Wortes ,Pietät' einen angemessenen Ausdruck zu verleihen?

• Man kann natürlich noch andere Schriftarten für das Wort ,Pietät' mit dem Computer-schreibprogramm ausprobieren und sie einer Jury zur Bewertung vorlegen.

• Welche Schriftart bevorzugen Bestattungsinstitute in Zeitungsanzeigen?

• Muss man überhaupt Achtung und Ehrfurcht vor einem Toten haben?

2. Ist es in Ordnung, Leichname in konservierter Form öffentlich zu zeigen, wie es der Plastinator Gunther von Hagen in seiner Ausstellung ,Körperwelten' macht?
(www.koerperwelten.de)

• Was spricht dafür den eigenen Körper für eine solche Ausstellung zur Verfügung zu stellen? Was würden Freunde, Verwandte und Bekannte denken und fühlen, wenn sie uns in einer solchen Ausstellung mit konservierten Körpern gegenüberstehen würden?

• Was würde man wohl in das Gästebuch einer solchen Ausstellung schreiben?

FÜHRER DURCH DIE AUSSTELLUNG

PROF. GUNTHER VON HAGENS'
KÖRPERWELTEN
DIE FASZINATION DES ECHTEN

Eiskalt weiterleben?

Unter „Kryonik[1]", „kryonischer Aufbewahrung" oder „kryonischer Suspension" versteht
man die Aufbewahrung eines Leichnams in
flüssigem Stickstoff bei –196 Grad Celsius mit
5 der Absicht, die Verwesung des Leichnams zu
verhindern. Bei dieser tiefen Temperatur
hören jegliche biologische Prozesse auf. Der
„Tote" kann so unbeschränkt über Jahrhun-
derte gelagert werden, ohne dass sein Körper
10 weiteren Schaden trägt. Ziel ist es, den toten
Körper in zukünftigen Jahrzehnten oder gar
Jahrhunderten wieder zum Leben zu erwe-
cken. Die Kryonik geht davon aus, dass die
zukünftige Medizin und Nanotechnologie[2] die
15 eingefrorenen Körper wieder beleben und die
Schäden am Körper (auch die durch den Ein-
frierprozess entstanden sind) beheben können.

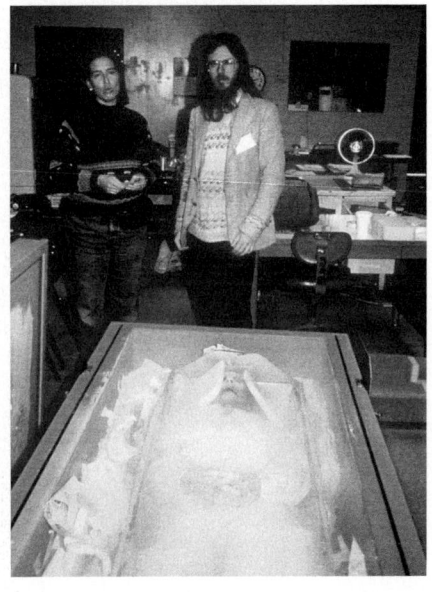

[1] kryos: (griech.) kalt
[2] Nanotechnologie (griech. nánnos = Zwerg) ist ein Sammelbegriff für eine breite Auswahl von Technolo-
gien, die sich der Erforschung, Bearbeitung und Produktion von Gegenständen und Strukturen widmen,
die kleiner als 100 Nanometer (nm) sind. Ein Nanometer ist ein Milliardenstel Meter.

Sollten wir alle Kryoniker werden? Gibt es gute Gründe ewig zu leben?
Als überzeugter Kryoniker müsste man natürlich auch seine Mitmenschen
für diese Idee begeistern. Wie könnte ein Werbeplakat für die Kryonik aussehen? Wie ein Gegenplakat?

Das schauerlichste Übel

Der Tod, geht uns nichts an;
denn so lange wir existieren, ist der Tod nicht da;
wenn er aber da ist, so existieren wir nicht mehr. *Epikur*

Epikur (* um 341 v. Chr. auf Samos, † um 270 v. Chr. in Athen) war ein griechischer
Philosoph. Er gilt als Begründer des Epikureismus, auch Kepos (Garten) genannt nach
dem Garten, in dem Epikur seine Schüler und Anhänger um sich versammelte.

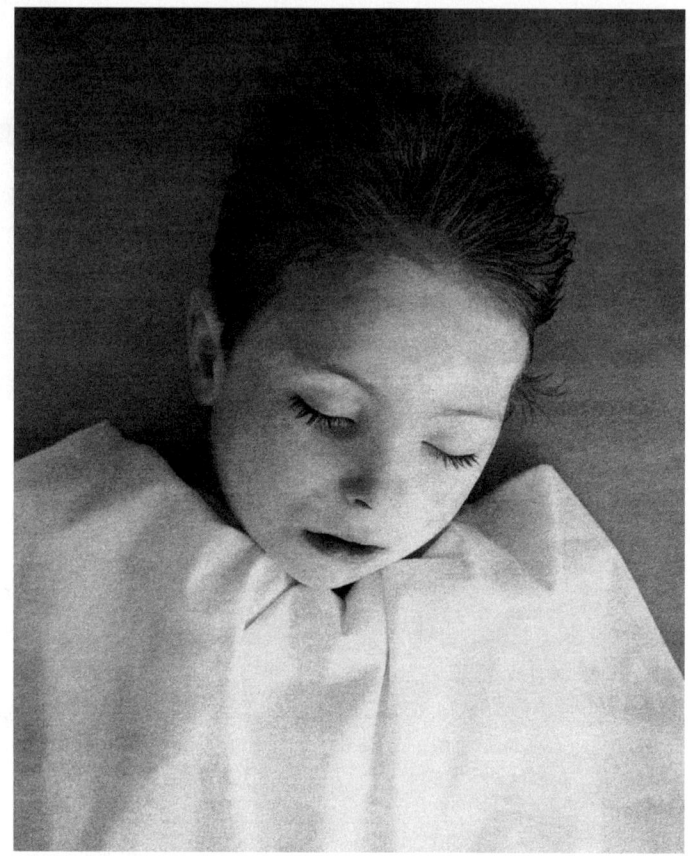

Der eigene Tod ist ja auch unvorstellbar, und sooft wir den Versuch dazu machen, können wir bemerken, dass wir eigentlich als Zuschauer weiter dabeibleiben. So konnte in der psychoanalytischen[1] Schule der Ausspruch gewagt werden: im Grunde glaube niemand an seinen eigenen Tod, oder, was dasselbe ist: Im Unbewussten[2] sei jeder von uns von seiner Unsterblichkeit überzeugt.

Sigmund Freud

[1] Psychoanalyse: Untersuchung und Behandlung seelischer Störungen mit Hilfe der Traumanalyse und der Erforschung des Unbewussten

[2] Das Unbewusste: vergessene oder verdrängte Erinnerungen und Wünsche, die ohne unser Wissen vom Unterbewusstsein her unser Gefühle und Gedanken beeinflussen. Das Unbewusste meldet sich oft in Träumen mit Hilfe von verschlüsselten Bildern zu Wort.

Sigmund Freud (1856–1939) war ein österreichischer Nervenarzt. Er erforschte die Hypnose und deren Wirkung, um psychisch kranken Personen zu helfen.

Denn in demselben Augenblick, in dem jemand in dieses sterbliche Leben eintritt, fängt der Tod an sich vorzubereiten. Die Wandelbarkeit nämlich, der jeder die ganze Zeit seines Lebens – falls man es überhaupt Leben nennen soll – unterliegt, führt uns dem Tode entgegen. Niemand, der dem Tod nicht nach einem Jahr näher wäre als vor einem Jahre,

5 morgen näher als heute, heute als gestern... Denn jedes Zeitteilchen, das man weiterlebt, wird von der Lebensdauer abgezogen, und tagtäglich wird weniger und weniger, was übrig bleibt, so dass die ganze Lebenszeit nichts anderes ist als ein Lauf zum Tode, bei dem niemand auch nur ein klein wenig stehen bleiben oder etwas langsamer gehen darf... Wenn man also in dem Augenblick zu sterben beginnt – denn ist der Lebensraub erst voll-

10 bracht, hat man den Tod schon hinter sich und ist nicht mehr in ihm – ist man unfraglich schon mit dem ersten Anbeginn des leiblichen Lebens vom Tode umfangen.

Augustinus

Augustinus von Hippo (354–430) war ein spätantiker westlicher Kirchenlehrer, christlicher Theologe und Philosoph. Er wird in der katholischen Kirche als Heiliger verehrt.

Passt das Foto des toten Kindes zu der Aussage von Epikur?
Hat sich mit den Ansichten von Epikur und Freud das Thema Tod erledigt?
Kann man sich auch mit der Meinung des christlichen Denkers Augustinus anfreunden? Müsste man – seiner Überzeugung folgend – sein Leben ändern?

Sterbebegleitung

Die Ärztin und Psychiaterin Elisabeth Kübler-Ross hat schon vor über 40 Jahren – zusammen mit ihren Stundenten – Menschen besucht, die todkrank waren, und mit ihnen Gespräche geführt, unter anderem mit einem siebzehnjährigen amerikanischen Mädchen, das aplastische Anämie[1] hatte:

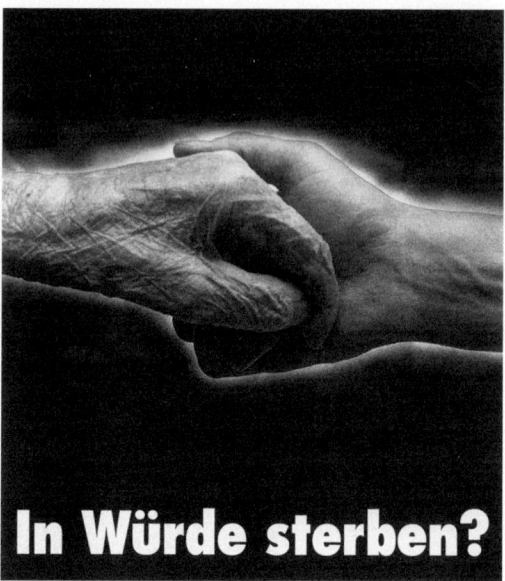
In Würde sterben?

Ärztin: Ich möchte es Ihnen möglichst leicht machen. Geht es so? Und sagen Sie, wenn Sie zu müde oder wenn die Schmerzen zu groß werden. Können

5 Sie der Gruppe berichten, wie lange sie krank waren und wie alles begann?

Patientin: Es kam einfach über mich.

Ärztin: Und auf welche Weise?

Patientin: Wir hatten in einem kleinen Nachbarort eine Veranstaltung von der Kirche. Ich

10 hatte an allem teilgenommen. Dann gingen wir zum Essen ins Schulgebäude, ich nahm mein Tablett und setzte mich. Plötzlich wurde mir sehr kalt, ich bekam Schüttelfrost und einen scharfen Schmerz in der linken Seite. Man brachte mich ins Haus des Pastors und legte mich ins Bett. Der Schmerz wurde heftiger und ich immer noch kälter. Sie holten ihren Arzt, der sprach von Blinddarm und ließ mich ins Krankenhaus bringen – da verging

15 der Schmerz ganz von selbst. Sie haben mich gründlich untersucht und mir gesagt, es sei nicht der Blinddarm. Also fuhr ich mit den anderen wieder nach Hause. Ein paar Wochen lang war alles in Ordnung, ich ging wieder zur Schule.

Ärztin: Woran glaubten Sie zu leiden?

Patientin: Ich hatte keine Ahnung. Nach ein paar Wochen wurde ich sehr krank, fiel die

20 Treppe hinunter und wurde ohnmächtig. Unser Hausarzt sagte, ich sei anämisch. Im Krankenhaus gab man mir Blutinfusionen. Dann begann es hier drinnen sehr weh zu tun. Man hielt es für die Milz und wollte sie entfernen, sie haben viele Röntgenaufnahmen gemacht. Aber ich hatte sehr viele Beschwerden und man wusste nicht, was man tun sollte. Schließlich wurde Dr. Y. konsultiert, ich kam in diese Klinik hier zu einer zehntägigen

25 Untersuchung. Sie machten immer neue Röntgenaufnahmen und (...) sagten mir, um was es sich handelte und dass es nicht schlimm sei. Sie hatten keine Ahnung, wodurch die Krankheit ausgelöst worden war.

Ärztin: Man sagte Ihnen, es sei nicht schlimm?

---

[1] Die aplastische Anämie (auch Panmyelopathie) ist eine seltene und sehr gefährliche Krankheit, die auftritt, wenn das Knochenmark, das die Blutzellen produziert – aus nicht bekannten Gründen – die Zellproduktion vermindert oder einstellt. Mehr dazu: www.aplastische-anaemie.de

Patientin: Ja, meinen Eltern hat man die Wahrheit mitgeteilt. Meine Eltern haben mich
30 dann gefragt, ob ich alles wissen wolle, ich sagte ja. Also haben sie mir Bescheid gesagt.
Student: Wie haben Sie es aufgenommen?
Patientin: Zuerst wusste ich nicht, wie ich es auffassen sollte, dann fand ich sozusagen
heraus, dass Gott meine Krankheit wollte, denn ich war so plötzlich krank geworden und
war vorher immer gesund gewesen. Und ich stellte mir vor, dass Gott für mich sorgt und
35 ich keinen Grund habe, traurig zu sein. Das habe ich seitdem immer gespürt, und ich glaube, das hat mich bisher auch am Leben erhalten. (...)
Student: Glauben Sie, dass Sie jetzt anders über die Konsequenzen Ihrer Krankheit denken als in der ersten Zeit, nachdem Sie mit der Wahrheit konfrontiert wurden?
Patientin: Nein, ich empfinde es genauso.
40 **Student:** Haben Sie viel darüber nachgedacht?
Patientin: Na ja.
Student: Und dadurch haben sich Ihre Empfindungen nicht verändert?
Patientin: Nein. Ich habe gerade Schwierigkeiten hinter mir, weil man keine brauchbaren
Venen bei mir findet. Da sind so viele Dinge und immer neue Schwierigkeiten, aber man
45 muss an seinem Glauben festhalten.
Student: Meinen Sie, dass Ihr Glaube sich gefestigt hat?
Patientin: Ja, das meine ich.
Student: Haben Sie sich also hierin nicht doch gewandelt? Ist Ihr Glaube jetzt nicht die
wichtigste Hilfe, die Sie durchbringen wird?
50 **Patientin:** Ich weiß es nicht, es heißt, dass ich nicht durchkommen werde, aber wenn er
es will, werde ich gesund werden.
Student: Hat sich Ihre Persönlichkeit verändert, haben Sie jeden Tag irgendwelche Veränderungen bemerkt?
Patientin: Ja, ich komme mit mehr Menschen gut aus. Allerdings habe ich mich schon
55 immer mit Menschen verstanden. Ich besuche die Patienten und helfe ihnen. Auch mit
den Zimmergenossen verstehe ich mich, und das ist gut, weil ich dann jemanden habe,
mit dem ich sprechen kann. Wissen Sie, wenn man deprimiert[2] ist, hilft es, mit anderen
Leuten zu sprechen.
Ärztin: Sind Sie oft deprimiert? Vorher waren Sie zu zweit im Zimmer, jetzt sind Sie ja
60 allein?
Patientin: Das hat man wohl so angeordnet, weil ich so elend war. Seit einer Woche bin
ich nicht mehr aus dem Zimmer gekommen.
Ärztin: Werden Sie jetzt müde? Sagen Sie es mir, damit wir die Sitzung beenden.
Patientin: Ich bin überhaupt nicht müde.
65 **Student:** Haben Sie festgestellt, ob sich Ihre Umgebung, Familie und Freunde, jetzt
anders als vorher verhält?
Patientin: Ich bin meinen Angehörigen viel näher gekommen. Wir kommen gut miteinander aus, mein Bruder und ich verstanden uns schon sehr gut, als wir klein waren. Er ist
achtzehn, ich bin siebzehn, wir sind nur vierzehn Monate auseinander. Auch meine

---

[2] deprimiert: niedergeschlagen, niedergedrückt

70 Schwester und ich stehen uns sehr nahe, und sie und meine Eltern sind sich näher gekommen. Ich kann besser mit ihnen reden, und sie – ich weiß nicht, aber ich habe einfach das Gefühl größerer Verbundenheit.

Student: Ihre Beziehung zu Ihren Eltern hat sich vertieft, ist bereichert worden?

Patientin: Und auch zu anderen jungen Leuten.

75 **Student**: Empfinden Sie das als eine Art Hilfe in Ihrer Krankheit?

Patientin: Ja, ich glaube nicht, dass ich es ertragen würde ohne meine Familie und meine vielen Freunde.

Student: Sie möchten Ihnen auf jede Weise helfen. Wie ist es mit Ihnen – können Sie ihnen auf irgendeine Art auch helfen?

80 **Patientin**: Ich versuche ... wenn sie kommen, versuche ich, ihnen die Sache leicht zu machen, damit sie beruhigt nach Hause gehen.

Student: Sind Sie sehr niedergeschlagen, wenn Sie allein bleiben?

Patientin: Es ist schon fast wie eine Art Panik, denn ich mag gern andere Leute, und ich mag, wenn Menschen um mich sind ... Ich weiß nicht, wie es kommt, aber wenn ich allein

85 bin, tauchen alle Probleme auf. Manchmal fühlt man sich deprimiert, wenn man mit niemandem sprechen kann.

Student: Ängstigt Sie irgendetwas besonders, wenn Sie allein sind?

Patientin: Nein, es ist nur das Gefühl, allein zu sein und sich mit niemandem unterhalten zu können. (...)

90 **Student**: Was erschreckt Sie am meisten – welche Vorstellung haben Sie vom Tode?

Patientin: O ich glaube, er ist wunderbar, weil man ja nach Hause kommt, in das andere Zuhause, zu Gott. Ich fürchte mich nicht vor dem Sterben.

Ärztin: Haben Sie irgendeine bildliche Vorstellung von diesem „anderen Zuhause"? Wir alle machen uns ja irgendein Bild, sprechen aber niemals darüber. Möchten Sie jetzt da-

95 rüber sprechen?

Patientin: Ich stelle es mir ungefähr wie ein Treffen vor, zu dem alle kommen, wo es herrlich ist und wo noch einer anwesend ist – ein Besonderer, Sie wissen. Und dadurch wird alles ganz anders sein als sonst.

Ärztin: Und wie werden wir uns dort fühlen?

100 **Patientin**: Ach, herrlich! Es wird keine Nöte mehr geben, man ist immer dort und nie allein.

Ärztin: Alles, wie es sein soll?

Patientin: Genau so. (...)

Ärztin: Haben Sie nie Bitterkeit gegen die Gesunden empfunden?

105 **Patientin**: Nein. Und ich komme mit meinen Eltern sicher auch deshalb so gut aus, weil sie zwei Jahre als Missionare in S. waren. Sie haben sich großartig für die Kirche eingesetzt und uns christlich erzogen. Das hat uns viel geholfen.

Ärztin: Glauben Sie, dass wir Ärzte mit Todkranken über das Künftige sprechen sollten? Was würden Sie uns lehren, wenn Sie die Aufgabe übernommen hätten, uns beizubrin-

110 gen, was wir für andere tun können?

Patientin: Mancher Arzt kommt ins Zimmer, wirft einen Blick in die Runde und sagt: Na, wie geht's uns denn heute – oder irgendsolchen Unsinn. Dann ärgert man sich plötzlich, dass man krank ist, weil er einfach nicht mit einem redet. Andere kommen ins Zimmer, als wenn sie zu einer ganz anderen Sorte Mensch gehörten, so sind die meisten, die ich

115 kenne. Sie reden eine Weile mit mir, wollen wissen, wie ich mich fühle, und erkundigen sich gründlich. Sie sagen etwas über mein Haar und dass ich viel besser aussehe. Sie unterhalten sich eben, und dann erklären sie mir alles, so gut es eben geht. Das ist nicht so leicht für sie, weil sie meinen, sie dürften mir als Minderjähriger nichts sagen, sondern müssten alles mit meinen Eltern besprechen. Aber ich finde, dass es sehr wichtig ist, mit

120 dem Patienten zu sprechen. Wenn man ein kühles Verhältnis zum Arzt hat, fürchtet man schon, wenn er eintritt, dass er sich kalt und geschäftsmäßig benimmt. Wenn der Doktor freundlich und menschlich ist, bedeutet das sehr viel.

Ärztin: War es Ihnen unbehaglich oder unangenehm, jetzt hier mit uns über diese Fragen zu sprechen?

125 **Patientin**: Gar nicht, ich spreche offen darüber. (...)

Ärztin: Hat schon einmal jemand mit Ihnen über diese Fragen gesprochen?

Patientin: Ein sehr, sehr guter Freund starb vor einem Monat, und ich ging mit seiner Frau zur Beerdigung. Das war für mich sehr wichtig. Er hatte mir viel bedeutet, weil er so viel für mich getan hatte, als ich krank wurde. Wenn er bei mir gewesen war, fühlte ich mich

130 immer sehr erleichtert.

Ärztin: Sie haben uns klargemacht, dass die Patienten etwas mehr Verständnis brauchen, dass der Arzt Zeit für sie haben und sich mit ihnen ausführlicher unterhalten sollte.

Elisabeth Kübler-Ross (* 8. Juli 1926 in Zürich, † 24. August 2004 in Scottsdale, USA) war eine schweizerisch-US-amerikanische Psychiaterin. Sie befasste sich mit dem Tod und dem Umgang mit Sterbenden, mit Trauer und Trauerarbeit.

Nach den Beobachtungen von Frau Kübler-Ross gibt es fünf aufeinander folgende Abschnitte des Sterbens:

1. Nicht-wahr-haben-Wollen und Isolierung, 2. Zorn, 3. Verhandeln, 4. Depression, 5. Zustimmung.

Ist es verständlich, dass Menschen, denen man sagt, dass sie (bald) sterben müssen, so reagieren?

Trifft dies auch auf die 17-jährige Patientin zu, mit der sich Frau Kübler-Ross länger unterhalten hat?

Die Arbeit von Frau Kübler-Ross hat inzwischen viele Nachfolger gefunden. Fast in jeder Stadt gibt es inzwischen eine HOSPIZ-Bewegung: Menschen, die bereit sind, Sterbende in den letzten Wochen und Monaten ihres Lebens zu begleiten. Würde man sich selbst auch für eine solche Aufgabe zur Verfügung stellen können?

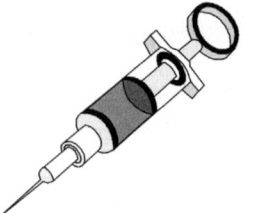

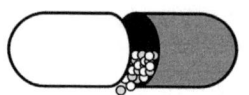 ## Aktive Sterbehilfe?

Nach einer ForsaUmfrage sagten 74 Prozent der Bundesbürger, es solle Ärzten erlaubt sein, Schwerstkranken auf deren persönlichen Wunsch hin ein tödliches Mittel zu verabreichen. Nur 20 Prozent der 1004 Befragten lehnten aktive Sterbehilfe ab. Sechs Prozent äußerten keine Meinung zu dem Thema.

 Im Paragraf 216 StGB (= Strafgesetzbuch) heißt es: „Ist jemand durch das ausdrückliche und ernstliche Verlangen des Getöteten zur Tötung bestimmt worden, so ist auf Freiheitsstrafe von sechs Monaten bis zu fünf Jahren zu erkennen." Auch der Versuch ist strafbar, so der 2. Absatz.

Sollte Sterbehilfe unter folgenden Voraussetzungen *nicht* unter Strafe gestellt werden?
1. Ein Arzt muss die tödliche Krankheit feststellen.
2. Er muss die Betroffenen eingehend beraten.
3. Zudem muss eine notariell beglaubigte Erklärung vorliegen, die der Sterbende bei vollem Bewusstsein abgab.
Könnte trotzdem der Fall eintreten, dass man auf alte und kranke Menschen Druck ausübt, ihr Leben vorzeitig zu beenden?

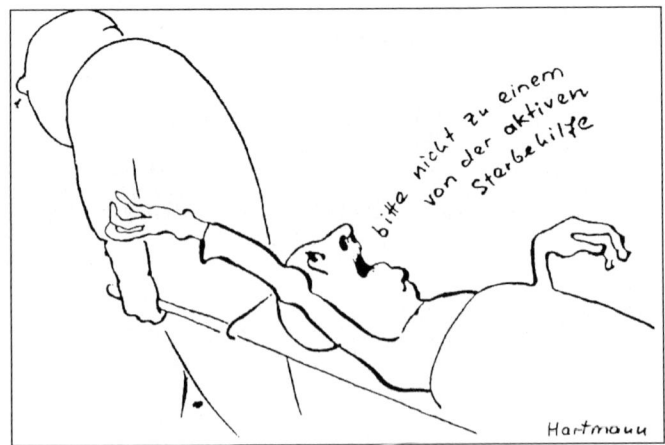

Toms Lebensphilosophie

David und sein Vater, Tom, sitzen gemeinsam beim Angeln auf dem Hausboot. Tom hat gera-de einen Streifenbarsch gefangen, den David von der Angel nimmt.

David: Ich finde, der Streifenbarsch ist das Schönste, was es gibt.
Ich finde, es ist ein Jammer, ihn zu fangen. Sieh ihn dir an.
Er ist schon tot. Warum muss alles sterben?

Tom: Aus demselben Grund, aus dem alles leben muss.

5 David: Das krieg ich auch von den Lehrern zu hören. Doppeldeutiges Gerede.

Tom: Stell dir mal vor, wie die Welt wäre, wenn nichts sterben würde.
Es wäre kein Platz für das Neue und Schöne, das geboren wird.

David: Ich mache keinem Platz. Lass sie kommen und mich holen.

Tom: Das ist ermutigend. Hört sich an, als wenn dir das Leben Spaß macht.

10 David: Es ist besser als nichts.

Tom: Ich muss eines Tages sterben, wahrscheinlich lange vor dir.
Es macht mir nicht viel aus.

David: Wem machst du dann Platz?

Tom: Vielleicht einem neuen William Shakespeare oder George Washington.

15 Oder gar einem Döspaddel wie dir.
Aber ich ziehe es vor zu denken, dass niemand jemals wirklich geht.

David: Wenn du tot bist, bist du tot. Sieh dir diesen Fisch noch einmal an.

	Tom:	Ich sehe, dass es in dieser Familie mehr als einen Starrkopf gibt.
		Lass mich versuchen, es dir zu erklären. Hier halt mal. *Er meint die Angel.*
20		Siehst du diesen Krug?
	David:	Ja.
	Tom:	Versuch dir vorzustellen, dieser Krug sei ich, mein Körper.
	David:	Hm.
	Tom:	Der Krug hat keinen Nutzen außer als Behälter für etwas.
25		Dieser enthält Wasser, das du dir als meine Lebensenergie vorstellen kannst.
		Versuch mal, es loszuwerden.
	David:	O.k. *David nimmt den Krug.*
	Tom:	Verstanden?
	David:	Das ist leicht. Da. *David schüttet Wasser aus dem Krug in den See.*
30	Tom:	Jetzt ist es aber so, dass es nicht verloren ist.
		Es ist Teil des ganzen Flusses. Es ist noch im Universum.
		Du hast es nicht verloren. Werd es los!
	David:	Was ist damit? *David schüttet etwas Wasser aus dem Krug auf die Holzplanke,*
		auf der die beiden sitzen.
35	Tom:	Pass auf! Was ist damit?
	David:	Ich verstehe. Es wird verdunsten, zu einer Wolke werden und irgendwo anders
		als Regen runterkommen.
	Tom:	Das ist ziemlich clever von dir.
	David:	Man kann wohl gar nichts verlieren.
40	Tom:	Du hast Recht. Wahrscheinlich nicht einmal das Leben selbst. Es ist bloß so, dass
		sich alles ständig verändert. Wenn unsere Lebensenergie, unsere Seele, den Kör-
		per verlässt, gehen wir vielleicht zurück in Gottes Universum, in der Gewissheit,
		wieder Teil allen Lebens zu sein. Soweit wir wissen, kann diese Art Leben nach
		dem Tod sehr schön sein.
45	David:	Wenn du es sagst. Papa, mach' in der nächsten Zeit nichts Schönes, ja?
	Tom:	Ich werd's versuchen.

Viele Menschen haben Angst vor dem Sterben und vor dem Tod. Könnte ihnen Toms Lebensphilosophie diese Angst nehmen?

Lösung (zu S. 50)

schlecht für mich – gut für mich – Schlecht für andere – Gut für andere

---

1. g → G = schickliches Verhalten

Beispiel: Eine Sängerin, die sehr gern singt, singt an Heiligabend in einem Altersheim, um den alten Menschen das Fest zu verschönern.

---

2. s → G = selbstloses Verhalten

Beispiel: Eine Freundin der Sängerin, die zum Geschirrspülen weder eine besondere Neigung verspürt noch dazu ein besonderes Talent besitzt, erklärt sich bereit, nach der Feier das Geschirr abzuwaschen, damit dem Personal freigeben werden kann.

---

3. g → S = gehässiges Verhalten

Beispiel: Eine Sängerin singt spät in der Nacht bei offenem Fenster ihre Lieblingsarien, um einen mürrischen Nachbarn zu ärgern.

---

4. s → S = boshaftes Verhalten

Beispiel: Der mürrische Nachbar springt aus seinem Bett, stellt sich im Schlafanzug in seine kalte Garage und lässt einen Rasenmäher laufen, um es der nächtlichen Sänger heimzuzahlen.

---

5. G → g = eigennütziges Verhalten

Beispiel: Die Sängerin gibt ein Konzert, das die Zuhörer begeistert; ihr Motiv aber ist ihre eigene Freude am Singen (und die ihr angebotene Gage).

---

6. S → g = eigensüchtiges Verhalten

Beispiel: Der Manager der Sängerin stiehlt die Kasse und flieht nach Europa, um mit dem Geld dort luxuriöse Ferien zu verbringen.

---

7. G → s = selbstquälerisches Verhalten

Beispiel: Der ehemalige Freund der Sängerin lädt sie mit ihrem seit kurzem angetrauten Mann zu einem Abendessen ein und weiß, dass der Anblick ihres Glücks ihn selbst schrecklich schmerzen wird.

---

8. S → s = selbstzerstörerisches Verhalten

Beispiel: Der Manager der Sängerin stiehlt auch weiterhin, obwohl er weiß, dass er bald gefasst und hinter Schloss und Riegel gebracht werden wird.

Textverzeichnis

Bildverzeichnis